LES ACTES

DE

SAINT DENYS DE PARIS

ÉTUDE HISTORIQUE ET CRITIQUE

PAR

V. DAVIN

CHANOINE DE VERSAILLES
DOCTEUR EN THÉOLOGIE ET EN DROIT CANONIQUE

PARIS

ARTHUR SAVAÈTE, Éditeur

76, rue des Saints-Pères, 76

—

1898

LES ACTES

SAINT MARTYRS DE PARIS

ÉTUDE HISTORIQUE ET CRITIQUE

PAR

M. ....

PARIS

ARTHUR SAVAÈTE, Éditeur

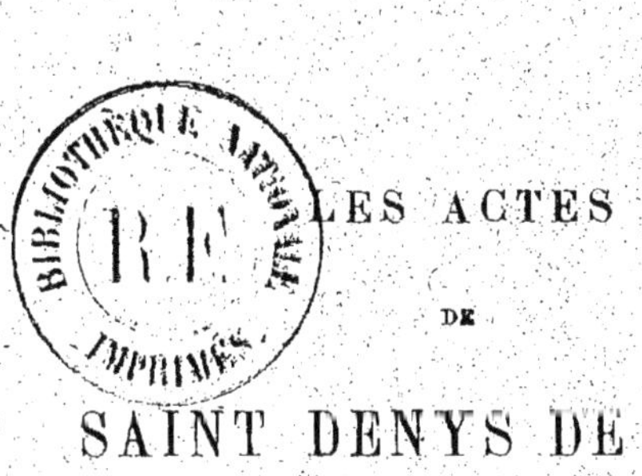

LES ACTES

DE

SAINT DENYS DE PARIS

LES ACTES

DE

SAINT DENYS DE PARIS

ÉTUDE HISTORIQUE ET CRITIQUE

PAR

V. DAVIN

CHANOINE DE VERSAILLES
DOCTEUR EN THÉOLOGIE ET EN DROIT CANONIQUE

PARIS

ARTHUR SAVAÈTE, ÉDITEUR

76, rue des Saints-Pères, 76

1897

LES ACTES

DE

SAINT DENYS DE PARIS

—

ÉTUDE HISTORIQUE ET CRITIQUE

La question de l'autorité des *Actes de saint Denys*, premier évêque de Paris, avait paru tranchée, sous Louis le Pieux, par l'affirmation de l'identité de cet apôtre et de l'Aréopagite, de son envoi par le pape saint Clément, de la vérité des nombreux supplices de son martyre consignés par l'abbé Hilduin dans ses *Aréopagitiques*. La liturgie romaine avait admis ces conclusions; les liturgies orientales étaient unanimes à les conserver. Mais, il y a trois siècles, la critique s'est insurgée contre, et d'innombrables écrits sont intervenus dans les débats qu'elle a fait naître. Serait-il possible, à cette heure, de dégager les résultats certains ou probables de tant de travaux contradictoires, ou même d'apporter à la cause quelque nouveau jour, en reprenant des éléments non peut-être examinés d'assez près, et en les scrutant minutieusement et à fond? Après quarante ans de recherches des documents divers concernant notre saint Denys et de tentatives pour les bien interpréter, saisir leur parenté, reconstituer leur genèse, je me suis appliqué une fois encore à cette tâche ardue et délicate. Je l'ai fait en visant à la brièveté, sans rien omettre d'essentiel ou d'important, et, toute préoccupation antérieure écartée, en m'appliquant à satisfaire aux exigences d'une érudition loyale et d'une logique consciencieuse.

Qu'il me soit permis de confesser par avance au lecteur ca-

1

tholique ou simplement critique que ces suprêmes efforts pour obtenir la lumière sur une question tant et si passionément agitée m'ont amené à reconnaître que le dernier mot paraît devoir rester aux traditions les plus glorieuses et les plus chères à la France, dont l'Église romaine, sans prétendre les imposer à la science, non plus qu'à la foi, garde, au sein même de sa liturgie, le précieux dépôt.

Pour procéder avec plus de sûreté et de rigueur à l'examen et à l'analyse des Actes de saint Denys, nous suivrons l'apparition successive en histoire des diverses pièces fondamentales de ces Actes; après quoi nous chercherons à remonter à leur source et à juger ainsi de leur réelle valeur. Ces pièces sont au nombre de trois : la Passion latine, *Gloriosæ martyrum passiones* ; la Passion grecque Μετὰ τὴν μακαρίαν, *Post beatam et gloriosam resurrectionem Domini nostri Jesu Christi* ; la Passion compilée avec les deux précédentes et des éléments nouveaux et considérables par Hilduin sous le nom d'*Aréopagitiques*, *Post beatam ac salutiferam Domini nostri Jesu Christi passionem*. Étudions ces trois Passions.

1

LA PASSION LATINE

La Passion *Gloriosæ martyrum Passiones* est venue à nous re-
présentée, dans notre Bibliothèque nationale, par dix manuscrits, dont les deux plus anciens remontent, l'un, au xe siècle,
l'autre au xe ou au ixe. Elle a été publiée en 1636 par du Bosquet, juge royal de Narbonne, dans son *Historia Ecclesiæ galli-
canæ*, d'après cinq manuscrits, mais avec diverses fautes, dont
cette variante relative à la mission de saint Denys, *qui, ut ferunt,
a successoribus apostolorum*, admise par du Bosquet dans le texte,
et qu'aucun manuscrit ne présente à cette heure. En 1706, Dom
Félibien en a donné une édition meilleure dans son *Histoire de
l'abbaye de Saint-Denys*, d'après un manuscrit du ixe siècle, pro-
venant de l'abbaye de Moissac, qui porte que saint Denys a reçu
sa mission dans les Gaules « de saint Clément, successeur de
l'apôtre Pierre ». C'est l'édition suivie par les Bollandistes
en 1780, au tome IVe d'octobre contenant les Actes de saint Denys. M. le chanoine Arbellot vient en 1880, dans son *Étude sur
les Origines chrétiennes de la Gaule, Première partie, Saint-Denys
de Paris*, d'en donner une édition critique, offrant les variantes
des dix manuscrits de notre Bibliothèque (1) et des deux édi-
tions de du Bosquet et de Dom Félibien. La leçon importante,
tradente sancto Clemente, Petri apostoli successore, reste désormais assurée. En 1790, si peu favorable qu'il soit à la valeur de
cette pièce, M. Julien Havet devra écrire loyalement : « La *Pas-*

(1) Ces manuscrits sont : 11,748 (S. Germain, ix ou xe siècle) ; 5,301 (S. Mar-
tial de Limoges, xe s.) ; 5,296 (xie s.) ; 3,293 (xiie s.) ; 5,308 (xiie et xiiie s.),
5,298 (xiiie s.) ; 5,278 (xiiie-xive s.) ; 3,809 (xive s.) ; 3,820, deux copies (xive s.).
Nous avions compulsé déjà ces dix manuscrits.

sio dit que saint Denys fut envoyé en Gaule par saint Clément (1) ».

Cherchons l'origine de cette Passion en partant d'un point chronologique certain, et en remontant de proche en proche en arrière.

Ce point chronologique nous est fourni par « l'antiphonier Grégorien de Charles le Chauve, qui se garde dans la bibliothèque de l'abbaye de Compiègne », pour parler avec Dom Félibien (2). Couronné empereur en 875 par le pape Jean VIII, Charles le Chauve fit rebâtir l'année suivante la cité royale de Compiègne, lui donnant son nom, qui ne restera pas, de Charleville, *Carlopolis*, et augmentant ou fondant dans son enceinte la célèbre abbaye de Saint-Corneille. Il mourra en 877. Nous avons donc de très près la date du manuscrit intitulé : *Sancti Gregorii magni Romani Pontificis Liber Responsalis sive Antiphonarius*, que les bénédictins, éditeurs de saint Grégoire le Grand, montrent « peint au déclin du IXᵉ siècle, *novo sæculo inclinante descripto* (3) ». Or, disent-ils bien, en mettant la chose sous les yeux : « Les antiennes et répons qu'on chante à la fête de saint Denys et de ses compagnons martyrs, sont pris entièrement de leurs Actes, où il est rapporté que saint Denys a été envoyé par saint Clément successeur de l'apôtre Pierre (4) ». J'ajouterai que les antiennes des trois nocturnes et les répons accompagnant les neuf leçons, laissent entrevoir assez manifestement que ces leçons ne sont autre chose que des divisions successives de ces Actes mêmes. On pourrait avec vraisemblance indiquer ces divisions ; et, pour les trois premières leçons, ce ne serait pas sans quelque assurance.

La *Passio* montre saint Denys, envoyé par saint Clément, venant à Paris, ardent foyer de l'idolâtrie ; les âmes arrachées au démon et données à Dieu par ses prédications et ses miracles ; les persécuteurs qui recherchent les chrétiens par tout l'Occident l'atteignant là avec le prêtre Rustique et le diacre Éleuthère ; les trois confessant le Dieu un dans la Trinité et, « après de nombreux supplices », décapités ; leurs corps, que les bour-

---

(1) *Questions mérovingiennes. Les Origines de Saint-Denis*, *Bibliothèque de l'École des Chartes*, janvier-avril, 1890, p. 39.
(2) *Histoire de l'abbaye de Saint-Denis*, p. CLXIII.
(3) *Patr. latin.*, t. LXXVIII, col. 725.
(4) *Ibid.*

reaux veulent faire disparaître dans la Seine, dérobés par l'industrie d'une femme païenne en voie de se convertir, cachés dans un champ fraîchement labouré, puis, après la persécution, retrouvés, et le lieu « marqué », par cette femme non nommée, d'un « haut mausolée » ; plus tard enfin, les chrétiens construisant au-dessus une magnifique basilique où chaque jour des guérisons miraculeuses attestent les mérites des martyrs, et où les démons se voient obligés d'indiquer, par la bouche des possédés, le lieu précis où chacun d'eux repose. Voilà, et rien de plus, ce que montre cette *Passio* consacrée dans la liturgie à Compiègne, dont l'empereur Charles le Chauve a fait sa cité favorite. C'est assez dire qu'il en est ainsi en divers lieux dans l'empire de Charlemagne, où ce monarque a fait prévaloir les rites romains, dont l'office de saint Denys est ici un appendice.

Il faut bien que cette *Passio* soit vraiment consacrée dans la liturgie en France, puisque sous Charles le Chauve elle ne porte aucune empreinte des *Aréopagitiques* d'Hilduin, si célèbres depuis quarante ans, ni aucune trace de l'aréopagitisme de saint Denys que nous verrons admis bien antérieurement à Hilduin même.

Hilduin, constatant pour nous cette consécration traditionnelle, a désigné la *Passio* sous le nom de « Pages des Latins ». *Sicut in Latinorum paginis didicit*, écrit-il de saint Fortunat, en parlant de la mission de saint Denys par saint Clément. Sa lettre, adressée à Louis le Pieux, est de l'an 836 (1). En 825, les évêques de France assemblés à Paris ont rappelé cette mission conformément au texte de la *Passio* (2). Au milieu du viiie siècle, nous verrons la Passion latine servir de base à une Passion grecque. Quand, remontant plus haut, nous lisons dans la charte de Thierry IV, datée de Valenciennes, le 1er mars 724 : « le bienheureux Denys et ses compagnons Rustique et Éleuthère qui, les premiers après les apôtres, sur l'ordre du bienheureux Clément successeur de l'apôtre Pierre, *primi post apostholorum* (sic), *sub ordinacione beati Clementis Petri apostoli successoris*, vinrent dans cette province des Gaules, y prêchèrent le baptême de la pénitence et la rémission des péchés, et, luttant ainsi, méritèrent d'y recevoir la palme du martyre et des couronnes pré-

(1) *Patr. lat.* t. CVI, col. 20.
(2) PAGI, *Critica*, an. 834, xi.

cieuses—en ce lieu où, depuis longtemps et jusqu'à ce jour, leurs corps précieux reposant sous nos yeux dans leur basilique, la vertu du Christ a daigné opérer par eux de nombreux miracles (1) », comment ne pas reconnaître là un résumé de notre *Passio* et la transcription même des traits suivants : *quos... idoneos apostolorum esse judicavit electio... Dionysius, qui tradente beato Clemente, Petri apostoli successore* (2)? Et quand, dans la Vie de saint Éloi, mort en 665, par saint Ouen, nous rencontrons ces lignes précédant le récit d'une guérison miraculeuse opérée au tombeau de saint Denys, *contra sancti sepulcrum* : « Un jour qu'on célébrait à Paris la Passion anniversaire de saint Denys martyr et que le clergé chantait les vigiles dans le chœur (3) », n'entrevoyons-nous pas que les antiennes, les leçons, les répons de ces vigiles sont pris, comme ils le seront fidèlement deux siècles plus tard, de notre *Passio* ? Saint Ceran, évêque de Paris, sous qui, en 615, Clotaire II convoque, dans l'église de Saint-Pierre, où repose sainte Geneviève, un concile général des évêques du royaume, le roi devant en 626 appeler « le saint seigneur, le martyr Denys, notre patron particulier, *peculiaris patroni nostri* (4) », saint Ceran, à qui, sur sa demande, Worhaire envoie les Actes des martyrs de Langres, Speusippe, Éleusippe, Méleusippe et ceux de Didier, évêque de Langres et martyr, disant : « Maintenant, pour comble de mérites et par amour pour la religion, vous vous appliquez dévotement à rassembler à Paris les Actes des saints martyrs (5) », saint Ceran a eu visiblement dans sa collection la *Passio*, adoptée dès lors dans son Église.

L'affirmation de saint Grégoire de Tours, transcrivant un peu auparavant, dans son *Histoire ecclésiastique des Francs* une copie visiblement interpolée de la Passion de saint Saturnin, qui place sous Dèce son envoi et celui de saint Denys dans les Gaules (6) — faute qu'il corrigera dans son livre de la *Gloire des martyrs*, disant : « le martyr Saturnin, ordonné, comme on le rapporte, par les disciples des apôtres (7) » —, cette affirmation

---

(1) M. Julien Havet, *ibid.*, p. 59.

(2) M. Arbellot, p. 97, 99.

(3) *Acta SS.*, 9 oct., p. 923.

(4) M. J. Havet, p. 46.

(5) Surius et Bollandistes, 17 janvier.

(6) L. 1, c. xxviii.

(7) Cap. xlviii.

n'a point empêché l'affirmation contraire de l'envoi par saint Clément dans les trois siècles suivants. C'est là la sage remarque du critique Pagi (1).

Un ami et un disciple de saint Grégoire de Tours, loué par lui, est là, d'ailleurs, pour annuler dans l'opinion l'influence du texte qu'il a transcrit d'une copie de la Passion de saint Saturnin. C'est saint Fortunat, très lié avec saint Germain, évêque de Paris, mort en 576, qui doit, lui, occuper le siège de Poitiers de 599, quatre ans après la mort de saint Grégoire, jusqu'en 609. Dès 541, il a écrit à Léonce, évêque de Bordeaux, au sujet de l'église de Saint-Denys, que ce prélat a restaurée, ces vers si manifestement dérivés du texte de la *Passio* du grand martyr : *Calore fidei inflammatus... ut amputatis capitibus adhuc putaretur lingua palpitans Dominum confiteri*, ces vers, dis-je :

> Qui fervente fide, Christi solidatus amore,
> Vertice supposito colla secanda dedit (2).

Il y a plus. Hilduin écrira dans deux siècles : « Un contemporain de Grégoire de Tours, Fortunat, homme habile et très lettré, qui lui avait écrit sur divers sujets et fréquemment, a composé sur ce très glorieux martyr un très bel hymne rhytmé, où il rappelle qu'il a reçu sa mission de saint Clément, comme il l'a appris dans les pages des Latins (3) ». L'hymne, en effet, traduisant ces mots de la *Passio* : *Qui, tradente beato Clemente... Verbi divini semina* etc, offre au début cette strophe :

> Clemento, Romæ præsule,
> Ab Urbe missus adfuit,
> Verbi superni seminis
> Ut fructus esset Galliæ.

Ce sont bien les seules données de la *Passio* que l'hymne reproduit ensuite ; et dans ces vers :

> Opus sacratum construit...
> Magnus sacerdos qui dabat
> Templi sacrata munera,

(1) An. 834, x. « Communis enim hæc ejus (Hilduini tempore opinio erat Dionysium nempe primum Parisiorum Episcopum illic a Clemente Papa missum), nec Gregorius Turonensis contrariam inducere potuerat ».

(2) *Patrol. lat.* t. LXXIII, col. 73.

(3) *Patrol.* t. CVI, col. 20.

on reconnaît ce trait en particulier du texte : *Ecclesiam illis quæ necdum in locis erat, et populis illis nota, construxit.* Attribuée à saint Fortunat par Hilduin et portant le nom du saint sur les manuscrits, cette hymne lui sera contestée sans raison sérieuse par Launoy. A la fin du dernier siècle, un savant éditeur de Fortunat, le cardinal bénédictin Luchi, aura raison d'écrire : « Je n'ai pas hésité à la publier sous le nom de Fortunat, d'autant plus que le style, excellent témoin, m'y déterminait (1) ». Si on lit ici :

> Qui morte mortem conterit
> Nunc regna cœli possidet,

ne lit-on pas dans le *Vexilla regis* de l'évêque de Poitiers :

> Qui morte mortem conterit
> Suspensus est patibulo —
> ... Vita mortem pertulit
> Et morte vitam reddidit ?

Quoiqu'il en soit, la notoriété publique attribuait, au temps d'Hilduin, l'hymne reproduisant la *Passio* à saint Fortunat ; et c'est la preuve qu'on faisait remonter l'usage liturgique constant de cette *Passio* au temps de saint Germain de Paris, à savoir au règne de Childebert, le fils de Clovis.

Le tombeau de saint Denys était très célèbre en ce VIe siècle. Saint Grégoire de Tours nous le montre, en 574, recouvert d'une étoffe de soie ornée d'or et de pierreries : une colombe d'or est au-dessus du tombeau qui est en forme de tour (2). C'est là qu'un grand de la cour de Chilpéric vient prêter serment de l'innocence de sa fille accusée d'adultère, en élevant ses mains au-dessus de l'autel (3). En 580, un fils de Chilpéric et de Frédégonde, nommé Dagobert, étant mort en bas âge au palais de Berny sur les bords de l'Aisne, « on l'amena, dit saint Grégoire de Tours, à Paris, pour l'enterrer dans la basilique de saint Denys (4) ». La *Passio* partageait la célébrité du tombeau et de la basilique. Lue annuellement et servant de base au culte du saint, elle devait être à peu près fixée dans sa forme actuelle,

(1) *Patr.* t. LXXXVIII, col. 98.
(2) *Gloria martyrum*, 71.
(3) *Historia Francorum*, V, 32.
(4) *Ibid.*, 34.

qui résistera longtemps, comme pièce liturgique, aux révélations des VIII° et IX° siècles.

Au V°, avant Clovis, le tombeau de saint Denys jetait un éclat dont la *Vie de sainte Geneviève,* que l'auteur dit avoir écrit dix-huit ans après sa mort, c'est-à-dire l'an 530, nous est témoin. « Je vous en supplie, dit la sainte au clergé parisien, qu'une basilique soit construite en l'honneur de saint Denys, car ce n'est un doute pour personne que le lieu qu'il occupe est redoutable et inspire une crainte religieuse, *terribilem esse et metuendum locum ejus* ». Et la basilique s'élève par son zèle, non sans le secours des miracles : basilique doublement vénérée ainsi par les fondateurs de cette monarchie française dont Geneviève est l'ange, comme saint Denys en sera le patron. Or, l'auteur de la *Vie* de la sainte dit de « saint Denys, premier évêque de la cité des Parisiens... : J'ai appris par la tradition des anciens ou par la relation de sa Passion qu'il fut ordonné évêque à Rome par saint Clément, fils par le baptême de l'apôtre saint Pierre et envoyé par lui dans cette province (1) ». C'est la leçon donnée par Surius textuellement, et substantiellement par les Bollandistes, d'un passage qui présente des variantes ; c'est celle des anciens manuscrits, dont celui du Vatican, qui date au moins du IX° siècle : les autres classes de manuscrits, présentant l'aréopagitisme de saint Denys, trahissent leur teneur plus récente. Nous avons donc ici, à n'en pas douter, une mention de notre *Passio* faite en 530, et en reportant plus haut l'existence. C'est la première mention fournie par un texte historique. Elle nous montre dans la *Passio,* comme on le verra désormais, l'envoi de saint Denys par saint Clément. Le maintien même de cet envoi nous prouve que la leçon si autorisée de la *Vie de sainte Geneviève* est bien la leçon authentique.

L'examen de la *Passio* va nous permettre de rechercher au-delà peut-être du V° siècle, où elle nous est signalée, la trace de sa naissance. Dom Félibien, donnant une édition de ces Actes de saint Denys, meilleure que l'édition originale de du Bosquet, dit d'abord : « Les plus savants dans l'antiquité ecclésiastique et les plus versés dans la critique ont cru que ces Actes étaient d'un auteur du VI° ou du VII° siècle au plus tard. Personne du

____

(1) Saint Yves, *Vie de sainte Geneviève,* pièces justificatives, p. LX. M. Arbellot, p. 57.

moins jusque ici n'a fait difficulté de les reconnaître plus anciens qu'Hilduin, l'auteur n'y ayant rien mêlé de tout ce qui a fait la matière des disputes depuis cet abbé ». Après quoi il ajoute très judicieusement : « Une autre marque de leur antiquité est qu'il n'y est point parlé ni de l'église bâtie par sainte Geneviève, ni de celle que fit construire le roi Dagobert ; mais d'une autre qui fut élevée par les fidèles sur le tombeau de saint Denys incontinent après la persécution de l'Église, c'est-à-dire vraisemblablement sous l'empire du grand Constantin (1) ».

L'auteur, après avoir rapporté la découverte des corps de saint Denys et de ses deux compagnons par la matrone qui les avait fait enfouir dans un champ fraîchement ensemencé, pour les dérober aux persécuteurs, et la construction par elle d'un haut mausolée pour en marquer la place, ajoute en effet : « Après quoi, plus tard, les chrétiens construisirent à grands frais et avec un art exquis, *magno sumptu cultuque eximio*, une basilique sur les corps de martyrs. C'est là que chaque jour, par l'opération de Notre-Seigneur Jésus-Christ, leurs mérites sont mis en évidence par la fréquence des miracles. On y voit les aveugles recouvrer la vue, les paralytiques l'usage des jambes ; et les oreilles des sourds obtiennent que l'ouïe leur soit rendue ». Cette riche basilique, dont sainte Geneviève ne trouvera même plus les restes dans la seconde moitié du v* siècle, inauguré dès 406 par l'invasion des barbares dans les Gaules, se rapporte bien aux jours de Constantin, où de toutes parts des monuments de ce genre s'élèvent sur les tombeaux des martyrs, et où Trèves, habitée par sainte Hélène et visitée par saint Athanase, est la capitale des Gaules en Occident.

Paris possédait alors un palais considérable, construit probablement par le père de Constantin, Constance Chlore, dans les quatorze ans consécutifs, de 292 à 306, qu'il a régné en souverain, comme César, puis comme Auguste, dans les Gaules, le palais dit au moyen-âge des *Thermes*, et au xvi* siècle des *Thermes de Julien*. C'est là que le neveu de Constantin, Julien, professant encore la religion chrétienne, a passé quatre ou cinq quartiers d'hiver, depuis les derniers mois de l'an 355 jusqu'au printemps de 361 ; c'est là que les empereurs Valentinien et Valens ont séjourné pendant l'hiver de 365. Zozime

____

(1) *Histoire de l'abbaye de Saint-Denys*, p. CLXIII.

appelle ce palais, où Julien a pris en 360 les insignes d'auguste, *basilique*, c'est-à-dire *maison royale*; et Ammien Marcellin qualifie pareillement le *palatium* de *regia*. Possédant ainsi la cour, une cour qui a arboré le christianisme triomphant, Paris a-t-il pu ne pas avoir, sous Constantin ou aussitôt après lui, ce que nous offrent de toutes parts tant de cités moindres, une *basilique* sur le tombeau de ses martyrs illustres, des martyrs fondateurs de son Église? Elle est donc vraiment historique, cette basilique somptueuse que présente la *Passio* « vraisemblablement sous l'empire du grand Constantin » ; et dès lors cette *Passio* se trouve être la légende des martyrs lue chaque année à leur fête : fête solennellement célébrée par les fils en l'honneur de l'immolation et du triomphe de leurs pères dans la foi.

Le texte de la *Passio* répond parfaitement à ces circonstances.

Je dis le texte de la *Passio*. Ce texte à l'état natif doit être visiblement dégagé des deux prologues *Gloriosæ martyrum*, *Post Domini*, qui, véritables hors-d'œuvre et d'un style particulier, manquent, le premier dans quatre, le second, dans un de nos dix manuscrits (1). La *Passio* commence ainsi, en supprimant l'*igitur* appelés par les prologues additionnels : *Sanctus* (igitur) *Dionisius, qui tradente beato Clemente*.

La description qu'on y lit de la cité de Paris nous met tout particulièrement en présence du Paris du IVe siècle. Si elle semble émanée de la plume d'un étranger, frappé de la vue de cette cité, de son heureuse position, des produits de son sol, de son commerce, tel qu'a pu être un compagnon de saint Denys, certain trait révèle un écrivain du siècle de Constantin. Vivant à la fin du siècle, Zozime, dans son *Histoire romaine* des Empereurs, qui s'arrête à l'an 410, écrit : «Lorsque Julien demeurait à Paris, petite ville de la Germanie, Γερμανίας δὲ αὐτη πολίχνη (2) ». Il nous montre, et Ammien Marcellin pareillement, des troupes auxiliaires récemment arrivées des bords du Rhin à Paris, qui, en 360, proclament Julien auguste malgré lui. C'est ainsi précisément que l'écrivain de la *Passio*, transportant l'appellation

(1) Le Prologue *Gloriosæ* manque dans le ms. 11748 (S. Germain, IXe ou Xe siècle), et dans les ms. 5308, 3820, 5278; le Prologue *Post Domini*, dans le ms. 3820.

(2) *Patr. græc.*, t. LXXXVIII, col. 578.

de son temps trois siècles en arrière, dit de Paris, lorsque saint Denys y vint prêcher l'Évangile : « Alors cette cité était puissante par le concours et l'illustration des Germains, *Tunc memorata civitas et conventu Germanōrum et nobilitate pollebat* ». Il dit encore, en parlant des Parisiens convertis par saint Denys : « l'esprit obstiné de la Germanie s'inclinait à l'envi devant lui, *subdebat se illi certatim Germaniæ cervicositas* ». Ces païens qui demandent « qu'on leur impose le doux joug du Christ », et qui « brisent leurs idoles fabriquées avec art et à grand prix », ce ne sont pas pour lui des Gaulois, ce sont des Germains. Ce serait à faire soupçonner qu'il écrit au ve siècle après l'invasion de Clodion, qui, en 435, établit à Amiens la capitale de son royaume franc. Mais ce prince et ses successeurs, Mérovée et Childéric, ne régneront pas à Paris ; Clovis même ne s'emparera de cette ville que sur la fin de son règne. C'est donc bien dans le langage de Zozime et du ive siècle que l'écrivain de la *Passio* désigne les Parisiens sous le nom de « Germains » ; et tout concorde, on le voit, à dater de ce siècle cette « Passion des Latins ».

Elle est assurément antérieure à la ruine de la riche basilique de saint Denys construite à la Paix de l'Église, et à la construction, dans la seconde moitié du ve siècle, de la basilique bien plus modeste construite par sainte Geneviève. On rencontre sa trace, dès le second tiers du siècle suivant, dans la *Vie* de la sainte. Une hymne attribuée, non sans fondement, à saint Fortunat va en offrir un résumé ; et, dans les Actes des martyrs recueillis avec tant de zèle par saint Ceran, évêque de Paris, c'est elle, sans doute, qui représente, de plus ou moins près, les Actes du fondateur de cette Église. Thierry IV en donne un extrait bien manifeste dans sa charte de l'an 724. Nous allons la voir copiée amplement dans une autre *Passio* de la seconde moitié de ce siècle. Un antiphonaire romain, peint au ixe siècle, mais dont la rédaction remonte à la fin du viiie, quand Charlemagne fit abandonner la liturgie gallicane pour adopter la liturgie romaine, nous montre cette *Passio* fournissant les antiennes et les répons de l'office nocturne, et ainsi, certainement, les leçons. Il en sera de même longtemps encore, malgré des renseignements nouveaux et adoptés par l'opinion, sur saint Denys. Un respect religieux ne permet pas de toucher à la liturgie traditionnelle, à la *Passio*.

Cette *Passio* est un abrégé, fait pour la liturgie, à Paris ou au tombeau de saint Denys, d'un récit plus étendu des faits, ou de souvenirs plus nombreux conservés dans la mémoire des fidèles. Le trait suivant en fournit la preuve. Il est dit dans la *Passio* que saint Denys et ses deux compagnons, « confessant le Dieu un et vrai dans la Trinité », au tribunal du persécuteur, « furent, à la suite de menaces terribles, en proie à de nombreux outrages, ou tourmentés par de nombreux supplices, *terrore subjuncto, multisque affecti injuriis vel suppliciis macerati* (1) ». Nous verrons plus loin qu'un document du même temps, mais bien plus ample, contenait le détail de ces outrages et de ces supplices. Nous aurons par ce document les noms du persécuteur des martyrs, Sisinnius Fescenninus, et de la matrone Catulla, qui leur a procuré la sépulture, noms qui importaient peu à la liturgie, et que peut-être elle avait des raisons de taire. Enfin le premier des deux prologues ajoutés plus tard à la *Passio*, dit, « en invoquant le témoignage de la vérité, *ut habet testimonium veritatis* », que « bien plus de choses sont révélées par la relation des fidèles, qu'on n'en montre transmises à nous par écrit, *plus fidelium sunt relatione comperta, quam probantur ad nos lectione transmissa* ». Il demande donc « qu'on croie et qu'on proclame avec assurance que ceux qui, en confessant le Seigneur, notre Dieu, ont été dignes de subir le martyre, ont subi courageusement de plus grands supplices, *etiam ampliora tolerare valuisse*, que ne paraît en rapporter la relation transmise par les peuples dans la suite des âges, *quam videtur succedentibus ætatibus relatio per populos transmissa recolere* ».

Ces deux prologues additionnels nous révèlent clairement leur origine. Ils ont été composés au tombeau même de saint Denys. « Exposons, dit le premier, comment le lieu qui se réjouit de son patronage, *locus ejus gaudens patrocinio*, a mérité d'avoir ce champion du Seigneur, *cultorem Domini* ». Le second dit : « Puisque l'obéissance à un office qui nous incombe concerne les gestes de notre patron particulier, *peculiaris patroni gesta*, etc. ». L'auteur des deux prologues — il est unique, car la fin du premier prologue annonce le contenu du second

(1) La tradition de « divers supplices » endurés par saint Denys se trouve consignée dans saint Grégoire de Tours, qui écrit : « Beatus Dionysius, Pariviorum episcopus, diversis pro Christi nomine affectus suppliciis, præsentem sitam gladio imminente finivit ». *Hist. Franc.*, l. I, xxviii.

— se trahit assez, d'autre part. Il a reçu l'ordre, *suscepti officii*, d'écrire « les glorieuses passions des martyrs », qui méritent tant d'être écrites « à cause de la dignité des miracles » qu'ils opèrent, *pro miraculorum dignitate*. Il tremble avec raison en songeant à « la grandeur de l'entreprise, *operis magnitudo* », à « la faiblesse de son discours, *sermo tenuis* », et à « l'audace de sa témérité excessive, *audaciam nimiæ temeritatis* ». Dans ses excuses redoublées et si pieusement emphatiques, il n'est pas difficile de reconnaître la voix d'un moine insuffisamment lettré en des temps barbares, mais humblement soumis à l'ordre de son abbé : voix acceptée ainsi, non à tort, pour être, en la sainte liturgie, celle du monastère fêtant les martyrs et patrons dont les ossements sont son trésor. Nous sommes, à n'en pas douter, au lendemain de la fondation par Dagobert du monastère de Saint-Denys, peut-être en ce mardi de Pâques, 20 avril 626, où le jeune prince, associé au trône de son père Clotaire II, a fait la translation des reliques de saint Denys et de ses deux compagnons (1). Le culte des trois martyrs, qui va jeter un tel éclat à leur nouveau tombeau, paraît avoir été à ce moment, soit à leur premier tombeau, à l'autre extrémité du village, à Saint-Denys-de-l'Estrée, soit à Paris même, malheureusement négligé, ce qui fait dire à l'auteur des prologues : « Il faut remettre au jour des choses qui avaient été voilées par le silence d'un long temps, *quæ longi temporis fuerant obumbrata silentio… sunt reseranda* ». Cet auteur, d'ailleurs, laisse assez voir qu'il écrit en un monastère — le récent monastère de Saint-Denys —, quand il fait lire du saint, dans le texte de la *Passio*, qu'à côté des clercs desservant l'Église de Paris, « il gratifia des personnes éprouvées de l'honneur du second ordre », c'est-à-dire de l'ordre monastique, *probatasque personas honore secundi ordinis ampliavit*. Au VIIIe siècle, l'auteur de la Passion grecque, que nous allons voir, en reproduisant d'assez près notre *Passio*, omettra ce trait. C'est probablement qu'il ne l'a pas trouvé dans l'exemplaire original, et qu'il faut voir là une intercalation postérieure. Ainsi donc, tout nous l'indique, le double prologue de la *Passio* est une addition faite au monastère de Saint-Denys, au moment de sa

---

(1) Julien Havet, *Les origines de Saint-Denys, Bibliothèque de l'École des Chartes*, janvier-avril, 1890, p. 21.

fondation, au premier quart du VII⁰ siècle, lors de l'adoption
de l'antique *Passio* dans l'office monastique (1).

A l'encontre du texte de saint Grégoire de Tours, pris de la
leçon qu'il a eue sous les yeux de la Passion de saint Saturnin,
sur l'envoi dans les Gaules, au temps de Dèce, de sept évêques,
dont saint Denys à Paris, le second prologue nous montre
« ces hommes que l'élection des apôtres, *Apostolorum electio*,
jugea aptes à recevoir les commandements du Seigneur et
dignes qu'on leur confiât les semences de l'Évangile à répandre
parmi les nations ». Suit une courte biographie de saint Saturnin et une phrase d'éloges de saint Paul, sans aucune mention
des quatre autres évêques du texte de saint Grégoire, avant de
passer à saint Denys. Cette association particulière des trois
paraît venir du dit texte qui porte en effet : « Ont été envoyés...
à Narbonne, Paul évêque ; à Toulouse, Saturnin évêque ; à
Paris, Denys évêque (2) ». C'est donc une réfutation expresse
de la date donnée par le fameux texte que l'auteur connaît
probablement. C'est au moins une opposition à cette date, dans
une pièce liturgique et solennelle ; et c'est assez dire son importance au lendemain même de la mort de l'évêque de Tours.

Une autre raison a pu amener cette mention de saint Saturnin et de saint Paul, à savoir la présence des reliques de ces
deux saints dans l'église de Saint-Denys. Si, pour saint Paul,
nous n'avons aucun renseignement historique, nous sommes
plus heureux pour saint Saturnin. « La tradition commune de
l'abbaye de Saint-Denys, écrit Dom Félibien, parlant de Dagobert, veut qu'il ait fait apporter de différentes églises du royaume
les corps de saint Hilaire de Poitiers, de saint Firmin d'Amiens
et de saint Saturnin de Toulouse... A l'égard des reliques de
saint Saturnin, on dit que Dagobert ayant envoyé recueillir la
succession de son frère Charibert, celui qu'il chargea de cette
commission se saisit en même temps du corps de saint Saturnin dont le roy fit présent à l'abbaye de Saint-Denys (3) ». Sur
les instances des Toulousains le corps de saint Saturnin leur sera
rendu, l'abbaye recevant en échange les corps de saint Hilaire

---

(1) M. Arbellot, p. 96, écrit du second prologue, inséparable pour nous du
premier : « Ce second prologue, véritable hors-d'œuvre, nous paraît avoir été
ajouté à ces Actes vers le VI⁰ siècle .»

(2) *Hist. Franc.*, 1, XXVIII.

(3) P. 19, 20.

de Gévaudan, de saint Patrocle martyr et de saint Romain, prêtre de Blaye. Mais que le double prologue ait été écrit, comme il est probable, avant la restitution du corps de saint Saturnin, ou, si l'on veut, après, l'abbaye gardant le culte du saint et quelques reliques sans doute, nous avons ici une indication de plus que le double prologue a bien été composé par un moine de Saint-Denys, et qu'il faut le placer, et avec lui la *Passio*, dans la forme dernière où elle nous est parvenue, sous le règne environ de Dagobert, enterré à Saint-Denys en 638.

Ce double prologue de la *Passio*, fait pour suppléer à ce qu'elle a de trop insuffisant dans le récit des combats des martyrs, et pour associer à saint Denys, en son glorieux anniversaire, deux de ses compagnons d'apostolat particulièrement chers aux gardiens de son tombeau, présente le début de la *Passio* même en ces termes : *Sanctus igitur Dionysius, qui tradente sancto Clemente*, *etc*. Depuis la paix de l'Église, il n'y a eu qu'une voix, et il n'y en aura qu'une durant douze siècles, soit à Paris, siège de saint Denys, soit à Saint-Denys, tombeau du saint, pour proclamer qu'il a été envoyé dans les Gaules par saint Clément.

Les Bollandistes, qui s'étaient laissés entraîner à le nier en 1780, et encore en 1786, par la plume du P. de Bye (1), viennent enfin, en 1870, d'en convenir. « Pagi, dit le P. Van Hecke, démontre solidement que Denys de Paris... a été envoyé dans les Gaules par saint Clément Romain, *Dionysium Parisiensem... solide demonstrat... in Gallias directum fuisse a S. Clemente Romano* (2) ». « C'est là, a écrit en effet Pagi, un sentiment que j'estime très vrai, *sententia quam verissimum esse existimo* (3) ».

Saint Denys est donc bien venu de Rome à Paris. Mais d'où est-il venu à Rome ? La *Passio* n'en disant rien, et les moines de Saint-Denys paraissant n'en rien savoir, voilà qu'au milieu du viiie siècle un éclat de lumière se fait sur ce point. Saint Denys se révèle comme l'Aréopagite converti par saint Paul.

Etudions cette nouvelle phase des *Actes de saint Denys*.

(1) 11 oct. *de S. Nigasio*, p. 512.
(2) 17 oct., p. 31.
3) *Critica*, an. 834, XII.

II

LA PASSION GRECQUE

Le premier pape qu'ait vu la France est Étienne III, venu, en
754, réclamer l'assistance de Pépin contre le roi des Lombards,
Astolphe, l'usurpateur de l'exarchat ecclésiastique de Ravenne,
qui menaçait Rome. Après quelques mois de séjour à l'abbaye
de Saint-Denys, que Pépin lui avait assigné pour demeure, il y
fut attaqué d'une maladie qui le mit aux portes du tombeau. Le
27 juillet, il obtint une guérison merveilleuse, dont vont sortir
les conséquences les plus importantes, même pour la question
des Actes de saint Denys. Il en a adressé à l'Église elle-même le
récit suivant :

« Étienne, évêque, serviteur des serviteurs de Dieu. De même
« que personne ne doit faire jactance de ses mérites, aussi ne
« doit-on pas passer sous silence mais faire connaître les
« œuvres de Dieu opérées en nous, sans nos mérites, par ses
« saints. C'est l'avertissement que l'ange donne à Tobie (1). Moi
« donc, la sainte Église étant opprimée par un roi atroce et blas-
« phémateur, Astolphe, dont il faut éviter de prononcer le nom,
« je suis venu en France auprès de l'excellent seigneur et fidèle
« de saint Pierre, Pépin, roi très chrétien. Là, j'ai été malade
« jusqu'à la mort, pendant un séjour de quelque temps en un
« village de Paris, au vénérable monastère du bienheureux
« martyr du Christ Denys. Comme les médecins désespéraient
« déjà de ma vie, je priais dans l'église de ce bienheureux mar-
« tyr, au-dessous du campanile. Alors je vis devant l'autel le bon
« Pasteur, le seigneur Pierre, et le Maître des nations, le seigneur

(1) Tob. xii.

2

« Paul, que j'ai reconnus avec assurance, d'après leurs por-
« traits, et le trois fois bienheureux, le seigneur Denys, à droite
« du seigneur Pierre, à la taille mince et allongée, à la face
« belle, aux cheveux blancs, revêtu d'une tunique à manches
« courtes, très blanche, bordée d'une bande de pourpre, et d'un
« manteau entièrement de pourpre et parsemé d'or. Ils conver-
« saient ensemble joyeusement. Le bon Pasteur, le seigneur
« Pierre, dit : *Notre frère que voici demande la santé.* Le bien-
« heureux seigneur Paul dit : *il sera guéri à l'instant même* ; et,
« s'approchant, il mit sa main sur la poitrine du seigneur Denys
« amicalement, et il regarda vers le seigneur Pierre. Et le sei-
« gneur Pierre dit gaiement au seigneur Denys : *C'est par votre*
« *grâce que la santé lui sera rendue.* Et aussitôt le bienheureux
« Denys, tenant en main un encensoir où fumait l'encens et
« une palme, et accompagné d'un prêtre et d'un diacre debout
« près de lui, vint à moi et me dit : *Paix à vous, mon frère, ne*
« *craignez point, vous ne mourrez point, que vous ne soyez*
« *retourné heureusement à votre siège. Levez-vous sain et sauf, et*
« *dédiez cet autel en l'honneur de Dieu et de ses apôtres Pierre et*
« *Paul présents à vos yeux, en célébrant une messe d'action de*
« *grâces.* Le lieu était plein d'une clarté et d'une suavité inef-
« fable. Guéri sur le champ par la grâce de Dieu, je voulais
« exécuter ce qui m'avait été prescrit. Mais ceux qui étaient pré-
« sents disaient que je délirais. J'ai donc dû leur rapporter, et
« de même au roi et aux grands de sa cour, ce que j'avais vu et
« comment j'avais été guéri ; et j'ai exécuté ce qui m'avait été
« commandé. Béni soit Dieu (1). »

L'apparition des trois bienheureux, un évêque, un prêtre, un
diacre, caractérisés par leurs insignes et par leurs fonctions,
près des tombeaux de l'évêque Denys, du prêtre Rustique, du
diacre Éleuthère, n'a pu laisser au pape Étienne aucun doute sur
leur identité. D'autre part, cette société intime de saint Denys
avec saint Pierre et saint Paul a semblé lui indiquer que saint
Denys n'était pas seulement l'envoyé du successeur de saint
Pierre, saint Clément, mais encore l'Aréopagite disciple de saint
Paul. Il ne doit pas tarder à vérifier ce second point. Il se prononcera pour l'affirmative ; et la France apprendra de lui, et de
son frère et successeur Paul 1er, que le premier évêque de Paris

____

(1) Labbe et Cossart, *Sacrosancta concilia*, Parisiis, 1671, t. VI, col. 1649.

est l'Aréopagite que saint Paul, au témoignage de l'antiquité, a établi premier évêque d'Athènes. C'est cet Étienne, le miraculé de Saint-Denys, qui, à sa messe d'actions de grâces, consacrant l'autel du tombeau du saint sous l'invocation de saint Pierre et de saint Paul, va donner l'onction royale à Pepin, à son épouse Berthe, à ses deux fils Charles et Carloman, et défendre aux seigneurs francs, en vertu de l'autorité apostolique, d'élire à l'avenir d'autres rois que ceux de la race de Pepin, choisie de Dieu pour être le soutien de l'Église : c'est le pape qui, en ce jour, prépare et assure le règne du législateur de l'Europe chrétienne, de Charlemagne.

De retour à Rome Étienne III, qui ne tarde pas à voir Pepin passer deux fois les Alpes pour réprimer les odieux Lombards et rendre à l'Église ses possessions, fonde un monastère en l'honneur de saint Denys et de ses compagnons. Là seront déposées des reliques des trois martyrs que les moines, gardiens de leurs tombeaux, ont offertes au vicaire de Jésus-Christ rendu à la vie, auprès de ces tombeaux mêmes. C'est « le monastère des saints Denys, Rustique et Éleuthère » dont Onuphre Panvinio, le savant augustin attaché à la bibliothèque vaticane, mort en 1568, écrira « qu'Étienne III a commencé à le fonder et qu'il a été achevé par Paul Iᵉʳ (1) ». Le codex vaticanus, 1192, p. 195, dans les Vies des saintes Degna et Merita, offrait en effet à Panvinio cette notice : « Le pape Étienne commença à construire hors la ville, dans la maison de son père, un monastère en l'honneur des saints Denys, Rustique et Éleuthère, pour y placer les corps de ces saints ; mais pendant qu'il posait les fondements de l'église, il quitta ce monde. Alors les Romains, d'un commun consentement, choisirent et ordonnèrent son frère Paul, homme vénérable. Dès qu'il fut ordonné, il termina et acheva le monastère commencé par son frère Étienne (2). » Ce fait, contesté par suite d'une confusion de noms reportant au pape saint Denys, grec, élu en 261, la construction du monastère, sera maintenu par ses deux historiens spéciaux,

(1) « SS. Dionysii, Rustici et Eleutherii monasterium a Stephano III fundari cœptum, a Paulo I absolutum. » *Ecclesiarum Urbanarum Magnus catalogus* — Maii, *Spicilegium Romanum*, t. IX p. 401.

(2) *Memorie istorico-critiche della chiesa e monastero di S. Silvestro in capite di Roma*, scritte dal sacerdote Giuseppe Carletti Romano, in fol., Roma, 1795, p. 9.

Giacchetti, en 1629 (1), Carletti, en 1795 ; et, en 1842, Moroni, écrivant sous les yeux de Grégoire XVI, dira de ce monastère qui a reçu le titre de *S. Sylvestri in capite* du corps de saint Sylvestre qui y repose, et d'une partie de la tête de saint Étienne proto-martyr qui y est conservée, la cathédrale d'Amiens gardant l'autre : « Il suo primo titolo fu de *SS. Dionisio, Rustico, ed Eleuterio martiri* (2). » Des textes péremptoires se présentent à l'appui.

A la fin d'une bulle de Paul Ier, on a trouvé cette inscription contemporaine : « Au mois de juin, le 19, nous avons introduit dans cet oratoire (*oraculum*) le corps du bienheureux Sylvestre, confesseur du Christ ; au mois d'août, le 17, nous avons introduit le corps du bienheureux Étienne, martyr et confesseur : cela au temps de Constantin et Léon Auguste, et de Pepin, très excellent roi des Francs et défenseur romain, indiction XIVe (3). » Cet oratoire, construit pour la réception des corps des papes saint Sylvestre et saint Étienne Ier, tirés par Paul Ier, celui-là du cimetière de Priscille, celui-ci du cimetière de Calixte, nous montre en ce monastère l'église principale antérieurement fondée par Étienne III. Nous sommes en 762. En 855, sous Benoît III, Anastase, bibliothécaire de l'Église romaine, nous fait voir le Tibre qui « est entré dans l'église du bienheureux Sylvestre, de telle sorte que, par l'affluence des eaux, il a atteint tous les degrés, excepté un de la basilique du bienheureux Denys (4) ». Trois ans plus tard, sous Nicolas Ier, nous lisons dans Anastase : « Ce vénérable et distingué pontife, aimé de Dieu, fit dans le monastère de Saint-Étienne et de Saint-Sylvestre, récemment fondé par le seigneur Paul, jadis pape, de sainte mémoire, dans l'église majeure qui s'appelle de Saint-Denys, *in ecclesia majori quæ vocatur sancti Dionysii*, quatre voiles de *staurax* (5), pour l'honneur et la gloire de l'autel sacré... Le Tibre

---

(1) *Historia della venerabile chiesa e monastero di S. Silvestro de capite di Roma compilata da antichi scritti, gravi autori ed Apostoliche Bolle* per Giovanni Giacchetti Serrano, Roma, 1629, in 4°.

(2) *Dizionario di erudizioue ecclesiastica*, vol. XIII, p. 39.

(3) GIACCHETTI, p. 17. La copie porte *in hoc oraculum*, et de même le texte correspondant d'Anastase. Que ce soit ou non une faute pour *oratorium*, on voit qu'il s'agit non d'une église, mais d'une chapelle.

(4) *Patr. lat.*, t. CXXVIII, col. 1351.

(5) « Stauracium, genus palliorum depictorum ex storace, quæ gutta similis est mali cydonii ». Ducange.

entra dans le monastère de Saint-Sylvestre, de telle sorte que des degrés qui montent à la basilique du bienheureux Denys, on ne voyait plus rien, par l'affluence des eaux, sauf un degré, celui qui est le plus élevé (1). » L'église principale du monastère, à laquelle on accédait par une série de degrés, était donc sous le vocable de saint Denys. C'était l'église primitive, à laquelle avait été adjoint, à un niveau inférieur, l'oratoire des saints Sylvestre et Étienne, contenant leurs reliques.

Au x⁰ siècle, nous trouvons le monastère portant le nom des trois saints. Une bulle d'Agapit II, de l'an 955, débute ainsi : « Agapit, serviteur des serviteurs de Dieu, à son cher fils dans le Seigneur, Léon, religieux prêtre et moine, constitué et ordonné par nous, abbé du vénérable monastère des saints martyrs du Christ Étienne et Denys et du confesseur Sylvestre, qui est appelé *Catapauli*, du nom de Paul, jadis pape. » Une bulle du successeur d'Agapit, Jean XII, de l'an 963, présente également les trois saints comme titulaires du monastère (2). Six siècles plus tard, sous Clément VIII, vers 1596, lors de la reconstruction de l'église, qui ne porte plus que le nom de Saint-Sylvestre, on trouva, sous la confession du maître-autel, « une cassette de terre cuite », portée et couverte par quatre tablettes de marbre, « indiquant que là », dans l'autel et au-dessous, « ont été déposés les corps des saints Sylvestre, Étienne et Denys, respectivement pontifes et martyrs, et d'autres saints dont Sa Majesté divine sait les noms (3) ». Cet autel s'appelait, « l'autel de saint Denys, *Altare S. Dionysii* (4) ». Les choses changeront, sans que les souvenirs se perdent. Le 26 février 1871, visitant l'église de Saint-Sylvestre *in capite*, j'entendais un prêtre vénérable, attaché au service de l'église, me dire qu'elle a été fondée primitivement en l'honneur des saints Denys, Rustique et Éleuthère, puis, après la translation des corps des saints Sylvestre et Étienne papes, consacrée aussi à ces saints; et qu'on

(1) *Ibid.*; col. 1359. — « Hic scriptor majorem saltem monasterii a Paulo Papa in SS. Stephani et Silvestri honorem exstructi ecclesiam S. Dionysii nomine insignitam fuisse in Nicolai Papæ vita apertissime docet. » *Acta SS.*, ix oct. p. 931.

(2) GIACCHETTI, p. 11. « Ambedue queste Bolle, écrit-il, si conservano nell' archivio di detto monastero. »

(3) GIACCHETTI, p. 18.

(4) « In una pergamena conservata nell' archivio del monastero si dice : *Ista sunt corpora sanctorum inventorum in altare S. Dionysii et translata postea in altare B. Pauli et B. Nicolai.* » CARLETTI, p. 35.

y conserve dans une urne les reliques des saints Denys, Rustique et Éleuthère, sans qu'aucun autel particulier leur soit consacré. *L'Ordo* des religieuses Clarisses, qui occupent le monastère depuis Innocent XI, me montrera ensuite que si elles
célèbrent en rite double de première classe les fêtes de saint Sylvestre et de saint Étienne, elles ne célèbrent celle de saint Denys que du rite semi-double, à l'unisson de l'Église universelle.
Saint Denys se trouve d'avoir perdu, avec le temps, ce titre
spécial de patron, longtemps partagé avec saint Sylvestre et
saint Étienne. Il n'est pas moins certain qu'à l'origine il le
possédait seul.

Cette église de Saint-Denys était de tout point magnifique.
Anastase, qui la distingue avec précision de l'oratoire des saints
Étienne et Sylvestre, écrit de Paul Ier : « Ce très saint pontife
construisit, à partir des fondements, dans sa propre maison, un
monastère en l'honneur de saint Étienne, pape et martyr, et du
bienheureux Sylvestre, pontife et confesseur du Christ. Bâtis-
sant un oratoire (*oraculum*) dans les remparts supérieurs (*supe-
rioribus mæniis*) de ce monastère, il y plaça leurs corps avec
une grande vénération. Mais au-dessous de l'enceinte du monastère (*infra claustra*), il construisit tout récemment, à partir
des fondements, une église d'une merveilleuse beauté, qu'il dé-
cora d'une mosaïque et de marbres ; il y mit libéralement tout
le mobilier ornemental, soit en or, soit en argent, soit en autres
matières brillantes, et y fit même un ciborium d'argent du
poids de... livres ; et c'est là qu'il plaça les corps de saints innombrables qu'il tira des cimetières démolis, avec les plus hauts
sentiments de vénération (1). » Voici quel était le personnel
desservant l'église — et ceci nous amène enfin à la Passion
grecque de saint Denys :

« Établissant là une congrégation de moines, poursuit Anastase, il décréta que la psalmodie en commun serait celle de la
mélodie grecque ; et il prescrivit, sous de graves sanctions,
d'acquitter avec soin et sans relâche les divines louanges à
tous les saints reposant en ce lieu. »

Baronius, à ce texte, ajoute cette observation : « Si le pape
Paul a voulu que les Psaumes fussent chantés là, en langue
grecque, nous pensons que la raison a été celle-ci. L'impie em-

_____

(1) *Patr. lat.*, t. CXXVIII, col. 1137.

pereur Constantin Copronyme, ayant, par un édit, interdit aux moines de rester en Orient, une immense multitude de moines orientaux s'était réfugiée dans Rome. La langue grecque était la leur. Placés dans les monastères, le pape aura voulu qu'ils n'abandonnassent pas leurs coutumes des monastères d'Orient, et qu'ainsi ils accomplissent dans leur propre langue le chant des Psaumes et les autres offices ecclésiastiques (1). » Une raison spéciale guidait ici, ou plutôt entraînait Paul Ier. Il s'agissait d'honorer, en tête de tous les autres saints, le patron de l'église, celui pour qui l'église avait été fondée, le grec saint Denys et ses deux compagnons de martyre, les grecs Rustique et Éleuthère. Leur langue ne s'imposait-elle pas sur des lèvres grecques pour la louange divine ? Et Paul Ier ne devait-il pas cette attention délicate de piété aux trois martyrs qui avaient rendu la vie à son frère et prédécesseur sur la chaire de saint Pierre ? « Le monastère fut donc », comme écrivent les Bollandistes, « donné à des moines grecs, *Græcis monachis... datum* (2) ».

La Passion grecque de saint Denys sort de là.

Les moines grecs, desservant l'église du saint à Rome, ne pouvaient rester sans une Passion du saint, composée dans leur langue. Chaque année, sa fête solennelle en appelait la lecture, partie intégrante de la liturgie. Ne voyons-nous pas ainsi, à Hippone, sous saint Augustin, la lecture des Passions de sainte Agnès, de saint Vincent, de saint Laurent et de tels autres martyrs ? En fait, au temps où nous sommes, une Passion grecque de saint Denys se présente à nous (3), avec divers indices tout d'abord d'une composition romaine. Il s'agit d'une Passion dont saint Méthode, patriarche de Constantinople de 842 à 847, et d'abord moine, envoyé à Rome de 810 à 822 par le patriarche saint Taraise, a tiré un panégyrique de saint Denys, prononcé vraisemblablement à Rome, selon l'observation des Bollandistes. C'est cette Passion qu'Hilduin, écrivant à Louis le Pieux, en 836, appellera *Libellus antiquissimus Passionis* (4), et qu'il signalé assez clairement, et à bon droit, comme ayant été écrite

(1) *Annales*, an. 761, xix.
(2) *Acta SS.*, ix oct., p. 931.
(3) *Patrol. græc.*, t. IV, col. 669-684.
(4) *Patr. lat.*, t. CVI, col. 16.

en « langue grecque (1) ». Elle porte les noms incertains « de Méthode ou de Métrodore ».

Cette Passion débute par une phrase empruntée au premier sermon pour l'Ascension de saint Léon. Le paragraphe ne s'achèvera pas qu'une seconde phrase ne soit empruntée à son premier sermon pour la fête des apôtres Pierre et Paul. Entre deux, la Passion fait lire : « L'an 808, depuis la fondation de la ville de Rome, μετὰ καιροὺς τῆς γενέσεως πόλεως Ῥώμης, Néron César étant parvenu à l'empire, etc. » L'ancienne traduction latine semble n'avoir pas lu *Rome* dans le texte; elle porte simplement *Anno ab Urbe condita,* formule toute romaine. Est-ce témérité d'entrevoir que l'auteur écrit à Rome ?

Il y a quelque chose de plus précis. Saint Méthode dit au début de son panégyrique : « La Passion du bienheureux Denys a été trouvée; le combat du bienheureux Denys a été révélé, mes frères (2). » Où a été trouvée cette Passion ? A Constantinople ou à Rome, saint Méthode n'ayant séjourné que dans ces deux capitales. Mais est-ce à Constantinople qu'au IXᵉ siècle on compte les années de la fondation de Rome, et qu'on affecte de dater ainsi l'avènement de Néron ? Ne sommes-nous pas à Rome où le style du Panégyrique trahit la jeunesse de saint Méthode, et, ce semble, au monastère même de Saint-Denys ? Anastase, le bibliothécaire, paraît lever tout doute et indiquer ce monastère fameux fondé par Étienne III et Paul Iᵉʳ quand il écrit en 876 à Charles le Chauve, en lui envoyant la traduction du texte grec de saint Méthode : « La Passion du saint et sacré martyr Denys, d'abord Aréopagite, puis évêque d'Athènes, que j'ai lue à Rome, étant enfant, dont j'avais entendu parler par les légats de Constantinople, que j'ai cherchée longtemps d'après vos ordres, et que j'ai trouvée, enfin, dans le plus grand des monastères que possède Rome, *in maximo cænobiorum Romæ sitorum repertam* (3). »

La Passion grecque qui a fourni à saint Méthode, moine en-

---

(1) « De natione autem ejus (S. Dionysii) et ordinatione episcopatus mentionem non facit (Fortunatus) quia linguæ Græcæ penitus expers fuit ». Le *Libellus* offre ces renseignements.

(2) « Dionysii beati Passio inventa est : Dionysii beati certamen fratres, revelatum est. » Traduction d'Anastase le bibliothécaire, publiée par le P. Chifflet en 1676. *Dissertatio de unico Dionysio,* etc. Elle est dans le ms. 5549 (fonds latin) de la bibliothèque nationale (IXᵉ s.), et dans le ms. 493 (fonds S.-Germain, XIᵉ s.).

(3) Dans Chifflet, *Dissertatio de unico Dionysio,* etc., 1676.

core probablement, et prêchant chez des moines, le texte de son panégyrique de saint Denys, cette Passion, dont il célèbre la découverte, avait peut-être été cachée ou dérobée en ces années 799 et 800, si cruelles à Rome contre saint Léon III, dont Anastase décrit ainsi les premiers attentats : « De faux chrétiens, vrais païens, fils du diable, s'unissant sataniquement dans une pensée inique, se placèrent, secrètement armés, sur le chemin du pontife, devant le monastère des saints Étienne et Sylvestre, qu'avait fondé le seigneur Paul pape, et, sortant soudainement du lieu de leurs embûches, se précipitèrent sur lui sans révérence, pour, oserai-je le dire? le massacrer d'une manière impie... Ils le dépouillèrent, s'efforcèrent de lui arracher les yeux... et lui coupèrent la langue... Le traînant dans l'église du monastère, devant le vénérable autel lui-même, ils lui arrachèrent de nouveau, cruellement et plus entièrement, les yeux et la langue... Après quoi, ils le laissèrent dans le monastère sous bonne garde (1). » Malgré le miracle des yeux et de la langue subitement rendus au saint pape, les violences des factieux ne prendront fin qu'à l'arrivée à Rome, le 24 novembre 800, de Charlemagne qui, le 25 décembre, sera couronné, par saint Léon III, empereur d'Occident. La disparition du manuscrit de la Passion de saint Denys en son monastère romain, manuscrit dont la trace reparaît dans les années suivantes, s'explique assez naturellement dans ces horribles circonstances. Perte heureuse, qui nous a valu sur cette pièce de si utiles renseignements !

Voici son contenu.

Après l'Ascension de Jésus-Christ au ciel, saint Pierre vint prêcher l'Évangile à Rome, et y fut martyrisé avec saint Paul par Néron. Avant son martyre, il transmit à saint Clément le pouvoir qu'il avait de tout lier et délier sur la terre. Saint Paul avait converti à Athènes saint Denys. Mû par la volonté divine, saint Denys vint à Rome, et fut accueilli par saint Clément comme un maître, ayant reçu de Dieu le pouvoir de vivifier les nations par l'apostolat — de Dieu, dit l'auteur, parlant en romain, « qui l'a manifesté à tous, jusqu'à nous-mêmes, en vue de la piété ». Clément préposait alors comme évêque à l'Espagne un certain Philippe : il donne à Denys aussi le pouvoir qu'il avait reçu de Pierre, et l'envoie prêcher l'Évangile aux contrées

____

(1) *Patr. lat.*, t. CXXVIII, col. 1213.

occidentales. Ses compagnons sont Saturnin, Marcel et Lucien. Arrivé à Arles, Denys envoie Marcel en Espagne, et, s'éloignant de la Gaule (Cisalpine), il va chez les nations où l'erreur idolâtrique est la plus ardente, sans craindre le martyre. Ayant envoyé saint Saturnin en Aquitaine, il se rend, avec saint Lucien, saint Rustique et saint Éleuthère, à la ville des Parisiens. Saint Lucien, honoré par lui du sacerdoce, va à Beauvais : saint Denys reste à Paris. Il y construit un temple en l'honneur de Jésus-Christ ; il ramène aux cieux par la foi ceux que l'Ennemi, Béliar, le démon, entraîne aux enfers ; la renommée de sa sainteté se répand au loin : un peuple nombreux de fidèles groupés ensemble l'accepte comme évêque. Domitien, le second persécuteur des chrétiens après Néron, lui ordonne de comparaître devant lui, en son palais ; il envoie des émissaires choisis pour le prendre, et s'il refuse d'obéir à son édit et d'abjurer le Christ, pour lui infliger des supplices sans mesure, ou lui trancher la tête. Les émissaires le trouvent à Paris luttant contre les infidèles avec Rustique qu'il a ordonné prêtre et Éleuthère qu'il a ordonné diacre : par eux l'Église du Christ fleurit et s'accroît de jour en jour ; et « la Germanie elle-même, la grande région, livrée à l'instinct cruel des bêtes féroces et à l'impiété, soumet sa tête au joug du Christ ». Enflammés de fureur, les ministres du prince tentent en vain d'ébranler la foi et la constance du « vieillard » et de ses deux coopérateurs : tous trois, « comme d'une seule bouche » confessent la Trinité et « le Christ Jésus, né de la Vierge Marie » ; et ainsi leur tête tombe sous le glaive. Mais le tronc de saint Denys se relève, portant dans ses mains sa tête ; et du sommet de la colline où a eu lieu l'exécution, il parcourt deux milles d'un pied ferme. Quant aux corps des saints Rustique et Éleuthère que les bourreaux s'apprêtaient à jeter dans la Seine, ils leur sont soustraits par l'industrie d'une honorable mère de famille, païenne, qui désirait se convertir. Elle les cache en un souterrain, dans un petit champ, attenant à la ville, qui était fraîchement labouré. Les chrétiens très nombreux, qu'ont convertis les martyrs, élèveront ensuite une église sur leurs corps ensevelis avec des aromates. Ce sera le théâtre de miracles surpassant « tout discours » et même tout « raisonnement humain ».

Il est de toute évidence que les préambules respectifs à part, cette Passion grecque suit pas à pas, même pour les expressions, la Passion latine. Un paragraphe seulement, relatif ici à la prédication, a été transporté là dans le récit de la persécution. C'est peut-être d'après une variante de manuscrit. Une variante aussi — *secto lapide* pour *sexto lapide*, une « cavité de rocher » pour le « sixième mille » romain, à partir de Lutèce — paraît avoir fourni à l'écrivain grec son nouveau détail sur la sépulture des martyrs dans le champ aux sillons récents. La Passion latine est donc venue à Rome, au retour, sans doute, d'Étienne III et a servi de base à cet écrivain grec pour sa rédaction. C'est ce qu'il dit expressément dans ce passage : « Nous ne donnons pas dans cet écrit ce qui est de notre propre invention ou d'un dessein préconçu, mais ce qui nous a été transmis par une vieille narration, ἀλλ' ἐκ παλαιᾶς διηγήσεως ἡμῖν ἐξηνήχθη, etc. »

Mais cette Passion grecque présente diverses additions à la Passion latine, dont la première est de la plus haute importance et va faire révolution soudaine. Saint Denys n'est plus seulement présenté comme l'envoyé de saint Clément, c'est l'aréopagite, disciple de saint Paul. Un Philippe, inconnu d'ailleurs jusqu'ici, apparaît ensuite, envoyé en Espagne par saint Clément, avec pleine autorité sur cette contrée dont il est dit être l' « évêque ». Il n'est plus fait mention de saint Paul de Narbonne ; mais saint Saturnin de Toulouse se présente sous un nouveau jour. Il est déclaré compagnon de saint Denys, ainsi qu'un Marcel, envoyé par saint Denys d'Arles en Espagne, qu'on identifiera avec saint Eugène, fondateur de l'Église de Tolède, et saint Lucien que saint Denys envoie de Paris porter l'Évangile à Beauvais. Le nom du persécuteur de saint Denys est maintenant articulé : c'est Domitien. Nous apprenons que les deux collaborateurs de saint Denys à Paris ont reçu de lui les ordres sacrés, Rustique, le sacerdoce, Eleuthère, le diaconat. Les sommations des juges aux martyrs et les réponses de ceux-ci sont données dramatiquement en forme de discours. Enfin « le miracle nouveau, insigne et digne d'aller à la postérité », de saint Denys décapité, qui « tient sa tête suspendue à son bras », et « plein de force, la porte, marchant sur ses pieds, l'espace de deux milles », est consigné à l'histoire.

Ces additions viennent manifestement, pour une part, de Rome : ainsi l'envoi par saint Clément de Philippe en Espagne ;

ainsi l'aréopagitisme de saint Denys, dont on ne trouve jusque-là aucune trace chez nous ; ainsi ce trait sur les écrits des martyrs : « comme certains disent que leurs écrits ont été consumés par la flamme brûlante, ὁμοίως τοῖς λέγουσιν, ὅτι φλογὶ καυστικῇ κατακεκαυμένα εἰσὶ τὰ συγγράμματα αὐτῶν », ce qui fait allusion à ces écrits perdus de saint Denys que mentionnent les écrits conservés à la bibliothèque apostolique depuis plus de deux siècles, et tenus à Rome pour authentiques. Mais, pour une autre part, ces additions doivent se rattacher à l'abbaye de Saint-Denys, où Étienne III et sa suite ont pu les recueillir. Là se concentraient, avec les traditions locales, celles de Paris et celles de Beauvais même. L'écrivain grec, parlant des additions qu'il a faites à la Passion latine, nous fait connaître aussi cette source d'informations. Dans la phrase dont nous avons cité plus haut la première partie il dit de ses deux sources : « Nous donnons... dans cet écrit... ce qui nous a été transmis par une vieille narration, et aussi, autant que nous avons pu les recueillir, les choses peu nombreuses qui nous sont venues d'une ferme antiquité, et que des temps reculés nous ont transmises, καὶ ἅ ἐκ μέρος ἐκ παγίου ἀρχαίου ὀλίγα, καθὰ ἠδυνήθημεν, καὶ ἀπὸ μακρῶν χρόνων ἀκηκόαμεν. »

Telle est la Passion grecque, composée, paraît-il bien, pour le monastère grec de saint Denys à Rome, et probablement par quelqu'un de ses moines. Il en a été fait une traduction ancienne, dont le plus ancien manuscrit est du xᵉ ou du xiᵉ siècle : c'est le nº 223 de la bibliothèque Riccardi à Florence. Hilduin, au ixᵉ siècle, ne parle que du texte grec. Les Bollandistes ont cru que le latin était l'original (1). Mais, outre les indications fournies par l'histoire, la confrontation des textes révèle assez le contraire. Donnons-en deux exemples.

Le passage de l'auteur sur les deux sources où il a puisé pour sa rédaction, que le grec dit si raisonnablement être *une vieille narration*, puis *la ferme antiquité et la tradition des temps*

______

(1) « Neutram a Græcis Dionysii Passionibus, quarum alteram Chifflectius, alteram Lansellius et Corderius vulgarunt, S. Methodio asdcribendam, ambasque e Latinis fontibus promanasse », p. 709. Notre Passion grecque a été éditée par le jésuite Laussel, S. *Dionysii opera omnia*, 1615. Le panégyrique de saint Denys qui en a été tiré et qu'a publié le jésuite Chifflet est bien, d'ailleurs, celui que saint Méthode a composé en grec, et qu'Anastase a traduit en latin pour Charles le Chauve.

reculés, est ainsi présenté par le latin : *Quod veterum fidelium nobis relatione patuit et quod ex parte in quibusdam paginulis veteranis, pauca, ut potuimus, longo spatio interlita, didicimus.* Ce texte, où en pendant de *la relation des vieux fidèles* on place son équivalent, *certaines petites pages vieilles, altérées par un long espace — espace* de temps, ou de vide dans les pages mêmes ? — paraît aussi peu cohérent qu'il est embarrassé. Il est suivi de cet autre : « Comme nous l'avons appris d'un colloque avec des anciens *majorum*, craignant Dieu et brûlant du zèle d'une sainte charité, on avait eu soin de consigner sur les feuilles sacrées beaucoup de choses touchant l'illustre combat de ces hommes bienheureux, à la louange du Christ et à la gloire des martyrs, pour servir de mémoire à la postérité ; mais la négligence survenant, et l'envie de l'antique Ennemi opérant, on dit qu'elles ont été consumées par les flammes d'un incendie. L'ingénieuse capacité de l'intelligence humaine peut, par les quelques choses qui sont dites, mesurer les grandes choses qui sont passées sous silence. » Voici le passage parallèle du texte grec : « Nous ne nous sommes pas engagés, comme on dit, à l'aventure dans la narration, mais en suivant les récits que nous avons connus touchant ces grands maîtres, craignant Dieu et enflammés du souci de la charité. Nous nous sommes appliqués avec ardeur, à la louange du Christ et à la gloire des martyrs, à consigner à la postérité sur les dernières feuilles sacrées, ἐν ἐσχάτοις ἱεροῖς, les prodiges nombreux et éclatants de ces hommes bienheureux. Nous ne voulions pas leur faire ce larcin par notre négligence, en obéissant à notre vieil Ennemi, qui veille plein de jalousie, contre nous. En nous taisant nous aurions agi conformément à ce qu'on dit que leurs écrits ont été brûlés par les flammes d'un incendie, et nous serions déchus de leur grâce. Nos pensées se sont éveillées par elle ; et si elles procèdent de peu d'écrits, les choses comprises peuvent être grandes ». Entre ces deux versions, si notablement différentes, l'originale, la vraie, reste-t-elle douteuse ? Comment un auteur du viiie siècle, ce semble, et certainement postérieur au ive, a-t-il pu apprendre « d'un colloque avec les anciens », qu'on avait eu soin d'écrire « beaucoup de choses » concernant le martyre de saint Denys et de ses compagnons, et ceci « sur les feuilles sacrées » c'est-à-dire les livres liturgiques ? Il s'agit bien de l'addition faite d'une Passion « sur les dernières feuilles sacrées », d'un Passionnaire des temps qui ont suivi la Paix de l'Église, comme dit l'écrivain grec.

C'est par cette Passion grecque, à n'en pas douter, qu'a été introduite ou réintroduite chez nous la croyance à l'Aréopagitisme de saint Denys évêque de Paris, dont les documents postérieurs à la Paix de l'Église n'offrent encore aucune trace. La concordance précise des temps le fait assez voir. « Le père Le Cointe, dit Dom Félibien, qui n'est point pour l'Aréopagitisme, avoue pourtant que dès le règne de Pepin on commença à publier cette opinion, et que dès lors elle peut avoir passé chez les Grecs par les envoyés de Tarasius patriarche de Constantinople (1) ». Le panégyrique de saint Denys par saint Méthode, tiré de notre Passion grecque, a certainement contribué à fixer l'opinion de saint Taraise son évêque, opinion qui sera désormais celle des Grecs comme celle des Latins. C'est de Rome, dans la seconde moitié du VIII\u1d49 siècle qu'elle se répand à la fois en Orient et en Occident et s'impose partout. Rome a conservé le souvenir de la venue de l'Aréopagite chez elle, témoin la lettre apocryphe à lui attribuée sur le martyre de saint Pierre et de saint Paul, dont il est censé avoir connu de près les circonstances (2). Elle a conservé, la Passion grecque le démontre, certain souvenir aussi des rapports intimes de saint Clément et de saint Denys, deux disciples de saint Paul ; et la basilique de saint Clément, remontant à ce Pape même peut en avoir gardé quelque réminiscence particulière. La guérison d'Étienne III, au tombeau de saint Denys, par saint Denys associé à saint

---

(1) *Histoire de l'abbaye de saint-Denys*, p. 77 — Le Cointe, *Annal. Ecc. Fr*, ad an. 836., n° 121.

(2) Cette lettre écrite en grec (l'original n'a pas été retrouvé) a été traduite en syriaque (Assemani, *Bibliotheca orientalis*, t. I. p. 568), en arménien et en latin. Le texte arménien est conservé à la Bibliothèque nationale, LVI ; et également le texte latin, 3711, qu'on retrouve encore à la bibliothèque de Leyde et à l'Ambrosienne, 216 sup, et 139.

J'ai sous les yeux la copie faite par le cardinal Pitra des manuscrits de Leyde et de Milan, et la traduction latine de la traduction arménienne, de la main aussi du cardinal. C'est un don de son Éminence en 1864. Si l'on était assuré de l'antiquité du texte arménien, on aurait un argument de plus, et non sans valeur, de la venue de saint Denys d'Athènes à Rome, faisant entrevoir l'Aréopagitisme de saint Denys de Paris. L'Église arménienne s'étant séparée de l'Eglise grecque au concile de Tuin, en 532, la traduction arménienne de la lettre attribuée à l'Aréopagite sembl être antérieure à cette date.

Pierre et à saint Paul, a mis, en quelque sorte, le sceau du ciel sur ces traditions historiques ; et venues, dans une certaine pénombre de l'antiquité, elles ont passé ainsi à l'état de lumière authentique. Cette lumière, Rome la transmet au monde, où elle va régner sans conteste plus de huit siècles, et où toutes les liturgies la gardent encore inviolablement.

La Passion grecque mentionne des « écrits » des saints martyrs Denys et ses deux compagnons, dont « on parle », dit-elle, comme ayant été « brûlés ». A cette indication vague et dubitative va se joindre, pour les gardiens du tombeau de saint Denys et pour nos Gaules, un témoignage précis et solennel. Le frère d'Étienne III, Paul Ier, écrit à Pépin en 758 : « Nous avons aussi adressé des livres à Votre Excellence, autant que nous en avons pu trouver, à savoir l'*Antiphonaire* et le *Responsal* ; avec cela la *Dialectique* (1) d'Aristote, les livres de Denys l'Aréopagite, la Géométrie, l'Orthographe, la Grammaire, tous composés en langue grecque ; et en outre une horloge nocturne (2) » : *Dionysii Areopagitæ libros* : pourquoi donc les livres de cet écrivain ecclésiastique, choisi seul parmi tous les autres au cours de sept siècles, si ce n'est qu'il a un intérêt unique pour le roi des Francs ? N'est-il pas évident que ce qui rattache si étroitement Pépin à saint Denys l'Aréopagite ce sont ses liens si étroits avec saint Denys de Paris, qu'il a appelé vers 750, étant maire du Palais, « notre patron particulier saint Denys martyr, *peculiaris patroni nostri sancti Dionysii martyris* », — ce martyr au tombeau duquel il a été sacré roi en 754 avec ses fils Charles et Carloman, et que l'année suivante il a appelé encore « saint Denys notre patron spécial, *sancti Dionysii specialis patroni nostri* (3) » ? N'est-il pas clair enfin que Paul Ier veut faire entendre à Pépin que le saint Denys de Paris est bien le saint Denys d'Athènes ?

Ce n'est pas tout. Il lui déclare expressément par cette lettre et cet envoi que les livres attribués à l'Aréopagite, et clairement signés de lui dans leur teneur, sont bien de lui en effet : *Areopagitæ libros*. Rome n'hésitait pas à reconnaître l'authenticité de ces écrits. Au concile de Latran, tenu en 649 par le pape saint

(1) *Artem Dialecticam*, leçon mise à la marge par Duchesne, et qui semble bien préférable à la leçon reçue : *Artem grammaticam*.
(2) PAGI, ann. 758, v ; *Patr., lat.* t. XCVIII, col. 159.
(3) D. FELIBIEN, p. XXIII, XXV.

Martin Ier contre les Monothélites et où furent présents cent cinq évêques, le pape avait fait apporter de la bibliothèque du Saint-Siège « le codex du bienheureux Denys », et avait fait produire, comme conforme à la doctrine catholique un passage de l'Épître à Gaïus, dont abusait le patriarche hérétique Cyrus (1). Le concile œcuménique tenu à Constantinople en 680-681 s'était également appuyé sur les écrits de « saint Denys ». Ce n'est pas ici le lieu de disserter sur leur authencité, objet de tant de débats depuis le protestantisme (2). Rappelons seulement qu'à la date présente, l'authenticité était admise par tous les théologiens grecs, suivis des syriens ; qu'en 533 elle ne faisait pas un doute dans la conférence tenue à Constantinople entre les catholiques et les Sévériens ; qu'à la fin du ve siècle saint Jean de Scythopolis commentait les écrits déjà célèbres de l'Aréopagite, ses scholies, mêlées depuis à celles de saint Maxime, mort en 662, devant à tort être prêtées à ce moine martyr ; qu'au commencement du ve siècle, le moine saint Nil, ex-préfet de Constantinople et disciple de saint Jean Chrysostôme, citait la vision de Carpus rapportée par l'Aréopagite (3) ; et qu'enfin la *Hiérarchie céleste* de l'Aréopagite, livre où rien, d'ailleurs, ne trahit son nom, apparaît, à n'en pouvoir guère douter entre les mains de saint Grégoire de Nazianze et de saint Jérôme.

Celui-ci écrit dans son *Commentaire d'Isaïe* sur la vision des Séraphins qu'a eue le prophète : « Je sais qu'il y a trente ans environ, comme j'étais à Constantinople chez l'évêque de cette ville, Grégoire de Nazianze, homme très éloquent, pour m'instruire dans l'étude des Saintes Lettres, je dictai subitement un court traité, voulant essayer mon petit génie et obéir à l'ordre de mes amis (4) ». Il s'agit de son Épître au pape Damase, *De Seraphim et calculo*. Là on lit : « *Et les Séraphins étaient debout autour de lui : l'un avait six ailes, et l'autre six*

---

(1) LABBE, *Concil.*, t. VI, cal. 183.

(2) On sait que le Napolitain Laurent Valle, condamné comme hérétique par l'Inquisition, et l'ex-chanoine régulier Érasme, dont on disait que Luther *érasmisait* ou qu'Érasme *luthéranisait*, ont été les premiers à attaquer l'authenticité des écrits aréopagitiques.

(3) S. P. N. *Nili ascetæ discipuli S. Joannis Chrysostomi, Epistolarum libri quatuor*, interprete Leone Allatio, Romæ 1668. fol., lib. 11, p. 217.

(4) Edition de VALLARSI, 1767, t. IV, col. 89.

ailes. Un certain Grec, très versé dans les Écritures, *quidam Græcorum in Scripturis apprime eruditus*, a enseigné que les Séraphins sont dans les cieux certaines puissances, *Virtutes*, qui, assistant au tribunal de Dieu, le louent et sont envoyés pour divers ministères, principalement vers ceux qui ont besoin de purgation, et, à cause de leurs péchés passés, méritent d'être purgés de quelque manière par des supplices (1). » Saint Jérôme a écrit cette Épître en 381. Il venait d'entendre en 380 le second discours théologique de saint Grégoire de Nazianze, où on lit : « L'ange est appelé esprit et feu, ange, comme étant une nature intelligente, feu, comme ayant la vertu de purifier, ἀκούει.., πῦρ... ὡς καθάρσιος ; » et dont tout le dernier paragraphe, roulant sur les anges, semble être un résumé de la *Hiérarchie céleste* (2). Le 25 décembre, fête de la Théophanie — Noël — de cette année 380, saint Grégoire de Nazianze prononcera à Constantinople un autre discours, en partie répété vers 385, à Nazianze pour la Sainte Pâque, dont la concordance, pour les pensées et les expressions mêmes, avec les *Noms divins* et la *Hiérarchie céleste* de l'Aréopagite est singulièrement frappante. Si l'auteur de la *Hiérarchie* a dit de Dieu : « Cette mer infinie et débordante de lumière archidivine, τοῦ θεαρχικοῦ φωτὸς ἄπειρόν τε καὶ ἄφθονον πέλαγος », saint Grégoire dit de Dieu pareillement, qu'il est « comme une mer d'essence infinie et sans bord, οἷον τε πέλαγος οὐσίας ἄπειρον καὶ ἀόριστον ». Et saint Grégoire va jeter, au milieu de plusieurs pages qui font songer à l'Aréopagite, cette phrase où il est difficile de ne pas le reconnaître : « Ainsi le Saint des Saints qui est recouvert aussi par les Séraphins et glorifié par leur triple *Sanctus* n'a pour objet qu'une seule domination et une seule divinité : ce qui a été dit aussi philosophiquement, d'une manière très belle et très sublime, par tel autre de ceux qui sont venus avant nous, ὅπερ καὶ ἄλλῳ τινὶ τῶν πρὸ ἡμῶν πεφιλοσόφηται κάλλιστά τε καὶ ὑψηλότατα (3). »

(1) T. IX, col. 53.

(2) *Patr. græc.*, t. XXXVI, col. 72. Hipler écrit là-dessus dans son *Dionysius der Areopagite*, Regensbourg, 1861, p. 225 : « Eine merkwurdige abbandlung des heiligen Hieronymus uber die Seraphim, die er nach seiner eigenen Aussage unter des Gregor und unter seinem Einflusse stebende in Jahre 381 niederschrieb, *Quidam Græcorum*, etc. »

(3) *De divinis Nominibus*, cap. I, § VI ; *Patr. græc.*, t. III, col. 596 ; *De cælesti Hierarchia*, cap. VII, § III, col. 210. — S. Gregor. Naz., *Oratio* XXXVIII, § VII-X, *Patr. græc.*, t. XXXVI, col. 317-321 ; *Oratio* XLV, § III-VIII, col. 625-633.

Il ne semble pas qu'il y ait des textes constants, remontant plus haut, où on trouve signalés les écrits de l'Aréopagite. Est-ce une raison pour en rejeter l'authenticité ? N'admet-on pas celle des Fables de Phèdre, se disant affranchi d'Auguste, comme l'auteur des *Noms divins* dit « avoir reçu les éléments de la doctrine du divin Paul (1) », bien que les Fables ne soient mentionnées pour la première fois que par Avianus, qu'on dit avoir vécu vers la fin du IVe siècle ?

On objecte certaines ressemblances entre les écrits de saint Denys et ceux de Plotin, mort vers 270. Les dissemblances sont bien autrement fortes, puisque la doctrine du premier est aussi orthodoxe que celle du second l'est peu ; et quel est le plus ancien des deux ? Saint Denys ne vise jamais Plotin. Celui-ci a pu fort bien connaître les livres de saint Denys et se parer de ses hautes pensées en les tournant au platonisme, comme Philon avait fait platoniser Moïse ; il a pu transformer le mysticisme chrétien en mysticisme gnostique, et la saine théodicée en triste panthéisme. Quant au style, Le Hir me disait, non sans raison, que de ce chef les écrits aréopagitiques, avec leur style à part, sont aussi difficiles à placer au IVe ou au IIIe siècle qu'au Ier. Egger, qui trouvait dans la doctrine des difficultés graves pour l'authenticité, n'en trouvait pas de décisives dans le style (2). Quant aux formes liturgiques assez pompeuses qu'on dit être anormales au Ier siècle, on les entrevoit analogues dans l'Apocalypse. Elles doivent moins étonner à Athènes qu'ailleurs, saint Paul ayant dit à l'Aréopage : *Athéniens, je vous vois, en toutes choses, religieux presque jusqu'à l'excès* (3), et, aux brillantes théories païennes, le christianisme, libre à l'origine, ayant à opposer ici la beauté et la magnificence de son culte.

Rome n'avait donc pas tort, sous Pepin, de maintenir la tradition des Orientaux et la sienne au sujet des écrits prêtés à l'Aréopagite ; elle n'a pas tort, à l'heure même où nous sommes, de ne pas renoncer à cette tradition que rien encore de décisif n'est venu ébranler. L'auteur des écrits Aréopagitiques se don-

---

(1) Ἡμᾶς τοὺς μετὰ Παυλον τὸν θεῖον εκ τῶν ἐκείνου (Hiérothée) λόγων στοιχειωθέντας, cap. III, § II.

(2) C'est ce que m'a dit, le 22 avril 1887, M. l'abbé Vidieu, auteur des *Vies de sainte Geneviève et de saint Denys*. Il avait vu M. Egger quelque temps avant sa mort.

(3) *Act.,* XVII, 22.

nant comme le disciple de saint Paul, faut-il donc se hâter
de proclamer faussaire un auteur dont Rome, avec son sens
doctrinal infaillible, dit, en présence des autels, dans la sainte
liturgie : « Denys d'Athènes, un des juges de l'Aréopage... écrivit des livres admirables et tout à fait célestes, *admirabiles ac
plane cœlestes, des Noms divins, de la Hiérarchie céleste et ecclésiastique, de la Théologie mystique*, et quelques autres (1) ? »

Quoi qu'il en soit, Pepin reçut de Paul Ier ces livres comme
étant de l'Aréopagite. Dès ce jour ce fut pour les Francs une
ferme croyance que saint Denys, évêque de Paris, était non seulement l'Aréopagite, disciple de saint Paul et premier évêque
d'Athènes, mais encore l'auteur des divers écrits, formant
comme une Somme de théologie, que le vicaire de Jésus-Christ
consacrait de son approbation, de sa vénération, et dont il se
plaisait à faire leur spécial trésor. Après le panégyrique de
saint Denys, tiré de la Passion grecque, à Rome, par saint Méthode, l'ami de ce moine et son prédécesseur sur le siège de
Constantinople, saint Taraise partagera cette croyance sur
l'identité du Denys d'Athènes, et du Denys de Paris, ne doutant
pas d'ailleurs de l'identité de l'Aréopagite avec l'auteur des écrits
présentés sous son nom. Ce sera désormais, pour l'Orient religieux, une double et inébranlable conviction.

Une preuve en est fournie par un écrit grec, composé, ce
semble, en Grèce, peut-être à Athènes, à en juger par certains
détails particuliers donnés sur le tribunal, le mont et la légende
de l'Aréopage, écrit dont notre bibliothèque nationale (2) offre
un exemplaire du xie siècle : *Vie et martyre de notre Père saint*

(1) Leçons du *Bréviaire*, ix octobre.

Je viens de lire dans la *Revue des questions historiques* (1er avril 1896, p. 610-
614) et dans les *Études religieuses* (5 janvier 1897, p. 34-58) deux articles des
RR. PP. de Smeth et de Grandmaison sur deux dissertations du R. P. Stegmayr,
professeur au collège de Feldkirch, en Tyrol. Il place l'apparition des livres
Aréopagitiques entre 492 et 500, et prête à l'auteur de nombreux emprunts
faits à Proclus, ce néoplatonicien et violent adversaire, au ve siècle, du christianisme triomphant. Je dois avouer que les arguments du très érudit et très
subtil professeur ne m'ont point convaincu. Pour le P. de Smeth, la question
de l'authenticité est d'ailleurs tranchée dans le sens de la négative. Parlant de
« la thèse de l'authenticité », le P. de Grandmaison dit à son tour : « En bonne
critique, elle n'est guère défendable ».

(2) Ancien fonds, n° 430. Texte que j'ai publié dans l'*Enseignement catholique*, octobre 1861, p. 657-674.

Denys, évêque des Athéniens. C'est une brève compilation d'après les Actes des Apôtres, les écrits Aréopagitiques, un « Ulpius le Romain ». collecteur de légendes sacrées au ixe siècle (1), et notre Passion grecque ponctuellement suivie, de ce qui a été écrit sur saint Denys, en dehors d'Hilduin, dont l'auteur ne paraît pas connaître les *Aréopagitiques*. Une épigramme additionnelle critique ainsi tel tableau détaillé, mais suspect, du martyre de saint Denys fait par un écrivain inconnu : « Un autre, sans être et sans paraître sage, ô Père, décrit, plein de hardiesse, les victoires de tes combats : nous, faisant ce recueil avec crainte et amour, nous mettons ensemble ta vie et ta course (de martyr) en abrégé, mais sans rien omettre (2). ». L'auteur n'hésite pas à voir dans certains écrivains païens, tels que Proclus, directeur au ve siècle de l'école d'Athènes où il a fait revivre Plotin, des plagiaires de saint Denys. Il écrit du saint : « L'abîme de son grand style et de sa théologie est tellement au-dessus de toute admiration et presque rempli jusqu'au bord de la sagesse divine et de l'humaine tout ensemble, que quelques-uns des philosophes du dehors, et surtout Proclus, se sont servi très souvent de ses conceptions et même de ses expressions toutes pures ».

Quant à l'Occident, vers la fin du viiie siècle, deux inscriptions solennelles, posées au tombeau de saint Denys par l'oracle de ce temps, démontrent combien c'était une croyance fixe que l'Aréopagite était le fondateur de l'Église de Paris et l'auteur des écrits répandus sous son nom.

Un moine d'York, disciple de saint Bède, ce grand homme, honoré de son vivant du titre de Vénérable, resté pour lui l'équivalent de Saint, un lettré versé dans les langues latine, grecque et même arabe, Alcuin, philosophe, mathématicien, théologien, orateur, poète, s'était vu, vers 780, en passant à Parme, demandé à son archevêque et au roi d'Angleterre par Charlemagne. Il avait été cédé au puissant roi franc, et avait fondé à sa cour une académie fameuse, où il tenait d'Horace le surnom de Flaccus, comme son disciple Angilbert, bon helléniste,

____

(1) *Tischendorf apecdota sacra, et profana*, 1855, p. 218; de Rossi *Bulletino*, 1864 p. 86.

(2) J'ai dit inconnu. Aucun des écrivains venus jusqu'à nous ne s'est contenté de décrire le martyre de saint Denys. Tous ont fait une biographie du saint, les uns complète, les autres à partir de sa venue dans les Gaules.

s'appelait Homère, comme son autre disciple, le roi, s'appelait à
bon titre David. Alcuin, placé par Charlemagne à la tête de la
grande abbaye de Saint-Martin de Tours, y avait fondé encore
la plus illustre école de ce temps. C'est ce savant abbé, l'oracle
de la cour, qui, à l'autel de saint Denys, c'est-à-dire à son tombeau, où Pepin et Charlemagne ont été sacrés par Étienne III,
où Pepin repose, où Charlemagne a marqué, s'il plaît à Dieu,
sa sépulture, *ad aram Sancti Dionysii*, a apposé l'inscription
suivante, rappelant à la fois l'évêque d'Athènes, auteur des écrits
Aréopagitiques, et l'apôtre des Gaules — apôtre dont l'Office,
tiré de la Passion latine, offrira à la première antienne du premier nocturne, ces mots soigneusement répétés ici : *Verbi divini
semina* :

> Sanguine martyrii præsul Dionysius aram
>   Hanc ornet, pariter cum sociisque suis :
> Magnificus doctor, Verbi qui semina sparsit
>   Imbribus œthereis arida juga rigans.

> Que du sang de son martyre le pontife Denys
> Orne cet autel, ensemble avec ses compagnons :
> Lui, ce magnifique docteur qui répandit les semences du Verbe
> En inondant les sillons arides de ses ondées célestes.

A ce même tombeau, *ad aram sanctorum Dionysii et sociorum
martyrum*, le génie poétique d'Alcuin, mû par sa piété, fera une
heureuse récidive. En l'honneur du pontife docteur et martyr,
de ses deux compagnons martyrs, et d'autres docteurs martyrs
encore, dont le riche autel contient les reliques, il apposera cette
seconde inscription :

> Pontificalis apex, servet Dionysius aram
>   Hanc, rogo, cum sociis, martyribus que aliis,
> Quorum scriba tenet cœlesti in arce libellos
>   Ante Dei faciem, nomine perpetuo.

> Pontife très haut, que Denys garde cet autel,
> Je l'en prie, avec ses compagnons et les autres martyrs,
> Eux dont un scribe, dans la citadelle céleste, tient les livres
> En la présence de Dieu, pour un renom perpétuel (1).

La première de ces inscriptions, la quarante-cinquième des
poésies d'Alcuin, semble avoir précédé d'assez loin la seconde

____

(1) *Patr. lat.*, t. CI, col. 742, 773.

qui est la cent quatre-vingt douzième. Celle-ci coïncide peut-être avec les embellissements du tombeau — dont un dôme avec des colonnes — exécutés par l'abbé Fulrad, qui a siégé de 792 à 806, et célébrés dans les poésies d'Alcuin. Ce qui est certain, c'est que Charlemagne, si dévot et si confiant aux mérites des saints martyrs qu'on le trouve, dans une de ses expéditions en Saxe faisant porter de leurs reliques à l'armée par l'abbé Fardulfe et ses religieux, a dû bien connaître les deux inscriptions d'Alcuin. La seconde a pu être une des prières articulées par ses lèvres alors qu'il s'agenouillait au sacré tombeau. Ainsi la croyance que saint Denys, évêque de Paris, était l'Aréopagite et l'auteur des « livres admirables et tout à fait célestes » à lui attribués, a été la croyance ferme de Charlemagne. Alcuin mourra le 19 mai 804, un peu plus de trois ans après le couronnement à Rome, le jour de Noël 800, de son seigneur et ami comme empereur d'Occident, par saint Léon III. Il est donc vrai que la doctrine de l'Aréopagitisme — dont la révélation dans les Gaules remonte au sacre de Charlemagne comme roi des Francs, à Saint-Denys, par Étienne III — atteignait son plein éclat à ce moment incomparable dans les destinées de l'Europe et de l'Église. L'étoile de saint Denys, montant radieuse et trônant au ciel, semble avoir présidé au demi-siècle de l'évolution de ces destinées et à l'établissement de l'Occident chrétien.

III

A la date du couronnement de Charlemagne, qu'a précédé,
non sans prévaloir en Orient comme en Occident, la Passion
grecque de saint Denys, nous sommes à trente-six ans encore
de ces Aréopagitiques d'Hilduin, auxquelles une critique, plus
fortunée que docte, a prêté l'invention de l'Aréopagitisme. Il
ne reste heureusement plus de cette critique osée que la honte
et certain ridicule. Un document et un fait de la plus haute
valeur vont nous montrer encore avant les Aréopagitiques
d'Hilduin, et tout à fait en dehors d'Hilduin lui-même, saint Denys de Paris tenu en France pour l'envoyé de saint Clément,
pour l'Aréopagite, et pour l'auteur des écrits se réclamant de
l'Aréopagite.

Sous le fils de Charlemagne, Louis le Pieux, empereur comme
lui d'Occident, en 825, des évêques, des théologiens, des grands,
réunis par lui en conférence pour examiner la question du
culte des images, et qui se disent « le chœur complet des prêtres
et tout le Sénat de la nation entière ou de l'empire des Francs,
*Cunctus chorus sacerdotum et omnis senatus totius gentis, seu
Imperii Francorum* », écrivent au pape Eugène II dans une lettre
qu'ils veulent faire envoyer par lui aux Grecs (1) : « N'ayez
point pour désagréable si, afin de mettre en plein jour la raison de la vérité et la vérité de la raison, le discours se prolonge
un peu trop, vu qu'il suit la ligne de vérité venue inflexible
jusqu'à nous de nos anciens Pères, à savoir du bienheureux
Denys qui, avec douze autres, a été envoyé comme prédicateur

____

(1) HÉFELÉ, *Histoires des Conciles*, t. V., p. 240.

dans les Gaules par saint Clément, premier successeur dans l'apostolat du bienheureux Pierre apôtre, et après quelque temps a reçu la couronne du martyre, ensemble avec ses compagnons répandus en divers lieux pour la prédication (1). » Sur quoi, Mabillon, parlant de l'envoi de saint Denys par saint Clément, dit : « Nous avons ici le témoignage lumineux des évêques de la Gaule dans la nombreuse assemblée tenue à Paris en 825 au sujet du culte des saintes images (2). » Remarquons ces paroles du texte : *Beato Dionysio scilicet, qui a sancto Clemente, qui beati Petri apostoli in apostolatu primus ejus successor extitit, in Gallias prædicator directus.* Ce sont celles de la Passion latine, transcrites dans la liturgie : *Sanctus Dionysius, qui tradente beato Clemente Petri apostoli successore verbi divini semina gentibus parturienda* (3) *susceperat.*

Deux ans plus tard, en octobre 827, Louis le Pieux étant à Compiègne, voit venir les ambassadeurs de Michel le Bègue, empereur d'Orient, pour confirmer l'alliance contractée par les deux empereurs. Entre ces ambassadeurs est le grand économe de l'église de Constantinople, qui offre à Louis les quatre livres et dix lettres écrites en grec portant le nom de l'Aréopagite. Louis s'empresse d'en gratifier l'abbaye de Saint-Denys, et les y fait porter le 8 octobre, veille de la fête du saint. « Nous avons reçu, lui écrira en 836 l'abbé de Saint-Denys, Hilduin, les livres authentiques de Denys l'Aréopagite, écrits en langue grecque, quand l'économe de l'Église de Constantinople et autres envoyés sont venus en ambassade publique auprès de votre gloire à Compiègne, nous en avons reçu le grand présent la veille même de la solennité de saint Denys. Ce don, apporté comme du ciel à notre dévotion, a été si bien accompagné de la grâce divine que dans la même nuit, le Christ, Notre-Seigneur, a daigné opérer dix-neuf miracles très éclatants, guérissant différentes sortes de maladies chez des personnes très connues, de notre prochain voisinage, à la louange et à la gloire de son nom, par les prières et les mérites de son très excellent martyr (4). » La véracité d'Hilduin, nous l'allons voir, ne pouvant être suspectée, ces témoignages si splendides et si précis du ciel en fa-

<hr>

(1) Dans BARONIUS, a. 825, XXXVI.
(2) *Vetera analecta*, p. 223.
(3) *Eroganda*, HILDUIN, BOSQUET, BOLLANDISTES.
(4) *Patr. lat.*, t. CVI, col. 16.

veur de l'authenticité des écrits attribués à l'Aréopagite et sur
l'identité de l'Aréopagite avec saint Denys de Paris ne méritent-
ils pas considération aux yeux d'une critique impartiale, sérieuse et raisonnable?

La critique, il y a onze siècles, était loin d'être endormie.
Des contradicteurs s'élevaient, avec lesquels Hilduin apparaîtra
aux prises dans dix ans. Ils ne mettent pas en doute l'authenticité des écrits prêtés à l'Aréopagite; mais s'appuyant sur un
texte de Bède, ils disent que l'Aréopagite a été évêque de Co-
rinthe, non d'Athènes. A la mission de saint Denys de Paris par
saint Clément, ils opposent saint Grégoire de Tours, disant que
dans la Passion de saint Saturnin, il a lu que saint Denys a été
envoyé dans les Gaules, avec lui et cinq autres compagnons,
sous Dèce. Ils relèvent enfin tel passage de la traduction latine
de la Passion grecque, portant que saint Clément « a ordonné
évêque » saint Denys de Paris, qui ainsi ne peut être le même
que l'évêque d'Athènes ». Hilduin répondra à ces objections en
les traitant « de bavardage léger, *super garrulitate levitatis eo-
rum*; il qualifiera ceux qui les font de « gens de peu de savoir,
minus scientium, de « chicaneurs, ayant sur les yeux la taie,
épaisse de l'arrogance, par le fait d'une sagesse, usurpée, et
voulant paraître domi savants, *contentiosi   quia videri se scioli
volunt* ». Il dira d'eux enfin : « Je ne puis comprendre la stupi-
dité de ces diffamateurs, *hebetudo susurronum*, qui, s'ils cher-
chaient la gloire de leur patrie et la leur, devraient tout faire
pour posséder cet éminent docteur, cet incomparable martyr,
et qui, le possédant, aiment mieux murmurer qu'ils ne l'ont
pas. Je ne puis assez déplorer la perversité de ces insensés,
amentium perversitas, qui, au lieu de rendre par leurs vœux et
le tribut de leurs louanges ce glorieux martyr propice à leurs
iniquités n'omettent rien, par leur détraction et l'amoindrisse-
ment de sa renommée, pour se le rendre contraire (1). » On peut
juger à ces traits de l'acharnement de ces critiques prétentieux
et à outrance. Ils ont fouillé partout pour se faire des armes.
Dans neuf siècles les démolisseurs de l'Aréopagitisme de
saint Denys de Paris ne dépasseront guère leur érudition, et
ne pourront que ressusciter leurs objections ensevelies.

Le détestable esprit de ces *demi-savants* du temps de Louis

____

(1) Col. 17, 18, 21.

le Pieux, qui mettent tous leurs efforts à abaisser les gloires de la France en faisant la leçon à Rome, ne doit pas trop nous étonner. C'est le juste châtiment des évêques et des théologiens français qui, dans la lettre de 825 où ils professent si haut la croyance traditionnelle à l'envoi de saint Denys par saint Clément, font la leçon au Pape sur le culte des images, condamnent à la fois et les Iconoclastes grecs et le second concile œcuménique de Nicée qui les a condamnés, et s'obstinent à opposer à Eugène II les arguments opposés sous Charlemagne à Adrien, Ier et que cet ami du roi à réfutés un à un avec une condescendance paternelle. A côté de ces insoumis, n'y avait-il pas à s'attendre à ce que d'autres téméraires fissent, à leur exemple, et contre eux, les petits docteurs contredisants ?

Les choses publiques n'en devaient pas aller mieux. Deux fois, en 830 et en 833, Louis le Pieux voit ses fils se révolter contre lui. La seconde fois même, des prélats de la faction de l'aîné, Lothaire, roi d'Italie, et associé à l'empire, le condamnent par sentence à déposer publiquement, dans l'église de l'abbaye de Saint-Médard, de Soissons, abbaye où il est enfermé, les marques de la dignité impériale que lui a conférée le Pape, et à revêtir l'habit monastique pour le reste de ses jours. Cet attentat reste huit mois triomphant. Mais un réveil de piété ou l'intérêt excitant deux des quatre fils de l'empereur, Pepin, roi d'Aquitaine, et Louis, roi de Bavière, il se voit délivré. Le 1er mars 834, les évêques, conséquents dans leur seule incompétence, lui remettent sur la tête la couronne impériale, le ceignent de son épée et lui rendent tous les ornements impériaux. La cérémonie a lieu, avec une allégresse publique et indicible, dans l'église de Saint-Denys.

Sitôt Lothaire soumis et amnistié, Louis le Pieux, à qui sa facilité à pardonner a fait donner le surnom de Débonnaire, veut témoigner sa reconnaissance à saint Denys, à qui il attribue son rétablissement. Il adresse à cet effet, en 835, à l'abbé de Saint-Denys, une lettre assurément concertée avec lui, et d'où vont sortir les célèbres *Aréopagitiques*.

L'abbé était Hilduin. De noble famille et, dans sa jeunesse, compagnon de Loup, futur abbé de Ferrières, à l'école peut-être de Raban Maur sous qui Loup a étudié, à Fulde, les saintes Lettres, Hilduin avait embrassé la vie monastique à Saint-Denys. Il avait été fait abbé du monastère dès 814, au lendemain même de la mort de Charlemagne. Nommé ensuite archi-chapelain ou grand aumônier de la cour et abbé de Saint-Germain-des-Prés et de Saint-Médard de Soissons, il a, en 824, accompagné comme conseiller, Lothaire, associé à l'empire, qui est allé protéger à Rome l'autorité du saint pape Eugène contre l'anti-pape Zizime et sa faction. De beaux règlements, où il a la meilleure part, ont assuré la tranquillité publique ; et Louis le Pieux lui a témoigné, au retour, sa reconnaissance par des présents. En 827, il lui a transmis le don insigne, qu'il a reçu, des écrits de l'Aréopagite. Ayant pris, en 830, le parti de Lothaire contre son père, Hilduin s'est vu exilé à Corbie en Saxe, au diocèse de Paderborn ; mais son disciple Hincmar lui a ménagé l'année suivante sa grâce auprès de l'empereur Débonnaire. Fidèle à Louis dans la seconde révolte de Lothaire, c'est dans son église de Saint-Denys que le fils de Charlemagne est so-lennellement rétabli sur son trône. Les *Aréopagitiques* seront le monument de ce rétablissement providentiel.

Louis le Pieux, écrivant à Hilduin, rappelle d'abord les faits suivants. « Toutes les générations de la Gaule » ont éprouvé la protection du Seigneur et ses grâces « par le bienheureux Denys, de l'insigne apostolat duquel elles ont reçu les rudiments de la foi ». Un des anciens rois des Francs, Dagobert, qui le véné-rait grandement, « a été glorifié pendant sa vie mortelle ; et par son secours, ainsi que le témoigne une célèbre vision divine, il a été délivré des peines et heureusement établi dans l'éternelle vie ». Notre bisaïeul Charles s'est félicité d'être arrivé par lui au sommet du pouvoir, et lui a confié le dépôt de son corps qui doit ressusciter au jour du grand jugement, et son âme pour être présentée au Seigneur. Notre aïeul Pepin, de « sainte mé-moire », ayant reçu, « avec ses deux fils Carloman et notre sei-gneur et père, Charles, de divine, mémoire, bien surnommé le Grand », l'onction royale des mains du Souverain Pontife, « le bienheureux et angélique Étienne », devant le tombeau de saint Denys, à l'autel des apôtres Pierre et Paul, érigé par son ordre, d'après une révélation divine, où ils sont apparus eux-mêmes, a voulu humblement être enterré au vestibule de la ba-silique des saints martyrs. Pour nous « ayant été, d'après un juste jugement de Dieu, visité par la verge de sa correction et le bâton de son admirable miséricorde, la vertu divine nous a, devant le dit autel, relevé et rétabli par les mérites et le secours de notre seigneur et très tendre Père Denys ; nous avons repris le ceinturon militaire par le jugement et l'autorité des évêques ; et nous sommes jusqu'à ce jour soutenus par l'assistance gracieuse du saint ».

L'empereur demande à l'abbé de fondre en un volume d'un style uniforme, pour une lecture facile à tous et dont tous seront édifiés, ce qu'on sait de saint Denys. Il lui indique cinq sources : « les Histoires des Grecs », c'est la lettre d'Aristarque que nous allons voir ; « les Écrits de saint Denys » ; « les Codex Latins », c'est la Passion latine ; « le petit livre de la Passion », c'est la Passion grecque, comme premier supplément à la précédente ; enfin, comme second supplément, dit l'empereur « les très anciens tomes ou chartes tirés par vous de l'armoire de l'Église de Paris, le sacré siège de saint Denys », dont vous avez mis le contenu « sous les yeux de notre Sénérité ». L'abbé est prié de réunir « dans un autre volume » : la Révélation faite au pape Étienne dans l'église de Saint-Denys, telle qu'elle a été dictée par lui-même ; les gestes qui y sont annexés ; les hymnes sur saint Denys que possède Hilduin, ce sont celles de saint Fortunat et de saint Eugène ; l'office nocturne du saint ; les pièces biographiques ci-dessus mentionnées, intégralement transcrites, *cum integritate sui.* Louis le Pieux désire qu'Hilduin lui « adresse ou lui présente au plus tôt ces documents nettement et correctement transcrits, *nobisque distincte et correcte transcripta quantocius dirigas aut præsentes* ». Les deux demandes de l'empereur seront réalisées dès l'année suivante 836, d'après Le Cointe ; dès 835 même, d'après Dom Félibien. Le volume offrant la vie de saint Denys paraît sous le nom d'*Aréopagitiques.*

Le volume contenant « intégralement » les pièces concernant saint Denys ne nous est malheureusement pas parvenu. « Les très anciens tomes ou chartes tirés par Hilduin de l'armoire de l'Église de Paris » ne sont pas sous nos yeux comme ils l'ont été sous ceux de Louis le Pieux et du public de ce temps. Ajoutant d'amples détails à la Passion latine et à la Passion grecque, auxquelles ils se donnent comme bien antérieurs, ils seront traités, au xviie siècle et depuis, avec un mépris contre lequel proteste toujours le Bréviaire romain de saint Pie V. Si ces documents eussent été là, détachés et en original, la critique se fût peut-être montrée plus respectueuse.

Mais il n'est pas impossible de réparer plus ou moins ce défaut, soit par les renseignements que nous a transmis Hilduin concernant les documents, soit par leur contenu même assez facile à détacher du tissu historique où Hilduin les a fondus avec la Passion latine et la Passion grecque que nous possédons à part. Pour les autres pièces ayant figuré dans ce volume, et qui nous manquent, de bons renseignements suppléent aussi à leur perte. La plupart des pièces du volume nous sont d'ailleurs parvenues. Entrons dans la connaissance de tout ce dossier ; allons, de l'une à l'autre, aux sources des *Aréopagitiques* ; tâchons de leur appliquer un examen pleinement équitable et loyal ; et, exposant en même temps, au fur et à mesure, le contenu de la célèbre compilation d'Hilduin, puissions-nous en reconnaître très exactement la valeur !

« A son seigneur, que la bénignité rend admirable et la révérence due à son autorité honorable, à Louis le Pieux, toujours Auguste, Hilduin, humble serviteur du Christ, matriculaire (conservateur des registres) de mon Seigneur magnifique Denys et de ses compagnons, très dévoué en tout à votre Domination impériale, souhaite une présente prospérité dans le Christ et la bénédiction de l'éternelle félicité » : tel est le début majestueux de la réponse de l'abbé à l'empereur.

La première des sources qu'il produit pour l'histoire de saint Denys, ce sont les *Actes des Apôtres* de saint Luc, rapportant la conversion de saint Denys l'Aréopagite, de la femme Damaris et d'autres avec eux par saint Paul, à la suite de son discours à l'Aréopage. Il l'accompagne des Commentaires, sur ce fait, de saint Ambroise, de saint Augustin et du *Dialogue de Basile et de Jean.* On lit ici expressément, ce que saint Ambroise insinue et ce qu'affirme saint Jean Chrysostome, que saint Denys a cru avec Damaris, son épouse et toute sa maison. C'est une tradition respectable, sinon certaine.

Une seconde source, ce sont les écrits marqués du nom de l'Aréopagite. Hilduin, qui ne mentionne pas et paraît ignorer leur envoi à Pepin par Paul Ier, tient pour « authentiques ces livres écrits en langue grecque, *authenticos eosdem libros græca lingua conscriptos* », dont Louis le Pieux a reçu à Compiègne un exemplaire apporté par les ambassadeurs de l'empereur de Constantinople. Dix-neuf guérisons miraculeuses n'ont-elles pas accueilli leur arrivée à l'abbaye de Saint-Denys et montré que le ciel même voulait qu'on les tînt pour authentiques ? Les dix lettres attribuées à saint Denys étaient avec les quatre livres. Leur authenticité a prêté à des débats particuliers, dans lesquels Hilduin ne songe pas à entrer. Il donnera dans les *Aréopagitiques* l'analyse de tous ces écrits, y compris la célèbre vision de Carpus sur l'infinie miséricorde de Jésus-Christ, rapportée dans la lettre de saint Denys à Démophile et déjà mentionnée, nous l'avons dit, par le moine saint Nil. Il commence par rappeler à Louis le Pieux un fait mémorable qui a précédé la conversion de saint Denys. Il fut témoin à Héliopolis de l'éclipse de soleil, tout à fait anormale en Egypte, qui eut lieu à la crucifixion du Christ ; et Apollophane, son compagnon, lui dit : « Ce sont, mon bon Denys, des révolutions dans les choses divines ». Le fait est rapporté dans une lettre de saint Denys à saint Polycarpe et dans une autre à Apollophane lui-même, onzième lettre dont on n'a que la traduction latine donnée par Hilduin et qui est particulièrement suspecte. Il reste consigné, d'après la première, dans la légende du Bréviaire romain.

La troisième source est une lettre en grec portant en tête le nom d'un Eugyppe Aristarque. Hilduin, disant que Denys « a brillé à Athènes comme très noble de naissance et maître insigne en philosophie », ajoute : « les siècles anciens ou voisins de nous, *instantia*, ont appris cela par le témoignage des *Actes des Apôtres* et d'autres histoires, mais surtout par l'histoire d'Aristarque, chronographe des Grecs. Dans sa lettre au primicier Onésiphore sur (la topographie de) la cité d'Athènes et ce qui s'est passé là au temps des Apôtres, il fait connaître avec ordre l'origine de sa famille, sa doctrine, ses différents séjours, avec la date de son âge, son ordination, sa prédication, la substitution d'un évêque à sa place et son arrivée à Rome. Nous adressons cette lettre à votre Domination, et tout homme studieux a la facilité de la rencontrer chez nous. Celui qui en aura la curiosité pourra la puiser aux sources grecques d'où nous l'avons tirée nous-même ».

Cet original grec de la Lettre d'Aristarque ne nous est point parvenu. Un fragment assez considérable de la traduction latine a été trouvé dans un sermon prononcé à l'abbaye de Saint-Denys pour la fête des saints martyrs, et publié, d'après deux manuscrits, dont un de Saint-Omer, par les Bollandistes,

en 1780. Il ne contient que ce qui regarde la topographie
d'Athènes et la conversion de saint Denys, commencée au discours de saint Paul à l'Aréopage, mais achevée, est-il dit, à la
vue d'un aveugle-né guéri par l'apôtre faisant sur ses yeux le
signe de la croix. La reproduction exacte par Hilduin, dans ses
Aréopagitiques, des parties que nous possédons de la Lettre
d'Aristarque nous est garant d'une reproduction pareille pour
celles que nous ne possédons pas. Nous savons ainsi que la
Lettre montrait saint Denys établi évêque d'Athènes par saint
Paul; évangélisant de là les régions voisines jusqu'en Troade;
se substituant un évêque à Athènes, quand Pelion, évêque de
Lacédémone, lui apprend la captivité de saint Pierre et de saint
Paul à Rome; venant à Rome avec le désir de partager leur
martyre; et quittant ainsi la Grèce où il reste toujours présent
par le souvenir de sa doctrine et de ses miracles. C'est sur ce
trait, semble-t-il, que la Lettre d'Aristarque finissait.

Qui est cet Aristarque? Les Bollandistes ont vu en lui un
faux grec. «La Lettre, disent-ils, a été écrite en grec et attribuée
à Aristarque, chronographe des Grecs, par un écrivain gaulois,
pour mieux couvrir sa fraude.» La fraude, ayant pour but
d'appuyer l'identité de saint Denys d'Athènes et de saint Denys
de Paris, dont la croyance se répandait depuis le milieu du
VIIIe siècle et la vision du pape Etienne III à l'abbaye de
Saint-Denys, a consisté à mettre au compte d'un annaliste grec,
plus ou moins antérieur, le récit de la première partie de la vie
de l'Aréopagite comprenant sa venue à Rome : à Rome où se
noue son envoi dans les Gaules par saint Clément, selon l'antique Passion latine et la nouvelle Passion grecque. La pièce et
une autre de même qualité, la *Redaction de Visbius, Conscriptio Visbit*, ont été, écrit-on, « déposées par les imposteurs
qui ont fabriqué ces documents, dans certains lieux cachés,
locis quibusdan abditis, et mêlées à d'autres documents authentiques transcrits par eux, *monumentis aliis genuinis a sese
transcriptis admixta.* Elles devaient y prendre, même en peu de
temps, un air de vétusté, *vestutatis speciem brevi etiam temporis
spatio... allatura;* et « selon la prévision des imposteurs, ou
peut-être par leurs soins, étant ensuite découvertes et remises à
Hilduin, elles devaient tromper cet écrivain en secondant ses
préjugés sur l'identité de saint Denys l'Aréopagite avec saint
Denys de Paris, *ut, cum deinde, quod futurum impostores prævi-*

derant, ac forte etiam, ut fieret, curarant, re ipsa fuissent de tecta, Hilduinoque tradita, scriptori huic, e præjudiciis animo conceptis, in opinionem quæ S. DIONYSIUM AREOPAGITAM *cum Parisiensi eumdem facit... specie fucum fecerint* (1). Telle est l'opinion des Bollandistes. Le P. de Bie qui la produit en 1780, n'en est pas à un simple soupçon sur le fait de l'*imposture* ; il serait en droit de se prononcer avec confiance : *Hinc porro suspicari, imo etiam, ut mihi equidem apparet, opinari fas est impostores,* etc. (2). Pour la lettre d'Aristarque, il répète et répète encore qu' « elle a été fabriquée en Gaule, sous le nom emprunté d'Aristarque, par un imposteur gaulois habile dans la langue grecque, *abs impostore Gallo, linguæ græcæ perito.* Cela lui paraît « la vraisemblance même... et chacun le reconnaîtra sans difficulté : *verosimillime... haud difficulter quisque perspiciet* ». Nous avons dû citer les propres paroles du savant hagiographe, tant son hypothèse présente d'invraisemblance ou plutôt d'étrangeté.

Qui pourra croire à ce complot, dirai-je grossier ou raffiné ? de supercherie littéraire, sous un Pepin, sous un Charlemagne, et à son plein succès, pour de longs siècles, sous Louis le Pieux ? Ce ne sont pas, certes, les critiques malins et acharnés qui manquaient en face pour le démasquer. Pas un mot cependant ne nous est signalé trahissant le moindre soupçon de personne. L'hypothèse des Bollandistes, dépourvue de toute base historique, reste donc un roman en l'air. La Lettre d'Aristarque montre d'ailleurs ce roman inadmissible. Supposé qu'on ait trouvé « un écrivain gaulois » maniant assez le grec pour la rédiger, à une époque où, loin d'écrire le grec à Paris, on a tant de peine à le traduire et même à le comprendre, que les pièces en cette langue gisent ensevelies dans les archives, un Gaulois aurait-il songé à composer ainsi cette Lettre ? A quoi bon cet éloge emphatique d'Athènes, cette topographie détaillée de ses cinq régions, la conversion d'un certain Apollon qui précède celle de saint Denys, et l'illustre généalogie de cet homme qualifié « Chronopagite » ? Pourquoi ces « rois des nations Cécrops et Ménandre (sans doute Mélanthe) » qu'on montre « s'illustrant dans l'Attique, et ces trois « sages » qu'on y fait naître

(1) *Acta SS. die nona Octobris, De S. Dionysio Areopagita.* Auctore C. B. § 30-32, p. 703.

(2) § 43, 58, p. 705, 709.

fabuleusement, et qu'on dit « fameux en leur temps dans tout l'univers, Apollon, Hippocrate (1) et Aristote » ? Aristote a enseigné à Athènes ; Hippocrate y a exercé un moment la médecine ; mais Apollon ne tient à Athènes que comme le dieu des Muses, ces déesses des sciences et des arts. Un Gaulois n'avait que faire de telles illustrations à propos de saint Denys. Ces mentions et ces bévues trahissent la vanité d'un enfant de l'Attique. Il semble qu'il soit même Athénien, à l'entendre décrire si minutieusement tout ce qui concerne la ville, et tout d'abord quand il écrit à son correspondant : « Vous m'avez demandé de vous transmettre sur les différentes doctrines et les sectes, diverses des Athéniens et sur le site et les quartiers de la ville d'Athènes tout ce dont j'ai connaissance par les souvenirs qui s'offrent à ma mémoire ou par la tradition reculée des anciens. » Hilduin nous le donne pour Athénien quand il écrit à Louis le Pieux : *Usque hodie Græcorum majores et Athenæ incolæ perhibent, historiarum scriptis et successionum traditionibus docti...*

Quel est le correspondant de cet Aristarque ?

Il figure avec le nom d'Onosiphore ? — faut-il lire Onésiphore ? — et le titre de primicier. C'est le « πρωτοκήριος, le premier inscrit sur les tablettes de cire ». « A Constantinople, écrit Martigny, comme le nom du grand *chartophylax* (archiviste), qui était en même tems archidiacre, occupait le premier rang au catalogue de l'église, il s'appelait primicier (2). » Serait-ce un des archivistes de Constantinople, curieux d'avoir des renseignements sur les origines de l'Église d'Athènes, et sur des personnages unis à l'Aréopagite par quelque légende grecque amplifiant le texte de saint Luc : *et alii cum eis* (3), personnages portant les noms de Symmaque et d'Apollon Chronopagite ? Ce n'est pas improbable ; et le nom du fils d'Onosiphore, Anatole, et son titre de *porteur de dépêches sacrées, agigerulus,* ἀγιοφόρος ? n'ont rien qui ne convienne au Bas-Empire. L'insuffisance et la suffisance mêlées d'Aristarque se rapportent assez bien, d'autre

(1) Les imprimés portent *Hippocras* ; mais le manuscrit 193 de la bibliothèque de Chartres (xe siècle) fait bien lire *Hippocrates.*

(2) *Dictionnaire des antiquités chrétiennes*, 2e édition, 1877, p. 674. — *Concil. Constant. sub. Men.* art. v. Mennas, patriarche de Constantinople, y assembla en 536 un synode contre les Origénistes, et un autre en 538.

(3) Act. XVII, 34.

part, à ces temps-là. Moreri écrira : « Justin tâcha de rétablir Athènes dans le VIe siècle ; et depuis, l'histoire semble l'avoir oubliée durant sept cents ans (1). » Aristarque lui-même écrit : « A cette heure, opprimée et isolée par l'invasion des nations étrangères, Athènes gît dans l'abaissement, *modo gentium impetu oppressa et intercepta deprimitur* (2). »

Cette Lettre d'Aristarque, avec ses détails légendaires, est donc une pièce historique en son genre. Écrite en grec, elle l'a été certainement en Grèce et très visiblement par quelque Athénien ou habitant de l'Attique. Rien ne s'oppose à ce qu'elle ait été vraiment adressée à l'archiviste de l'Église de Constantinople. Et qu'y aurait-il d'étonnant qu'elle fût venue de Constantinople à Paris sous Pepin ou Charlemagne ? Depuis Étienne III la question de l'Aréopagitisme de saint Denys de Paris préoccupait en France tous les esprits. Charlemagne, en si grande relation avec Constantinople, d'où il a reçu maintes reliques, n'a pu ne pas s'occuper de saint Denys. Il ne peut oublier que c'est dans sa basilique qu'il a reçu d'Étienne III la première onction royale. Et n'est-ce pas le jour de la fête du saint, en 768, qu'il a voulu recevoir, à Noyon, la seconde de la main des évêques, son frère Carloman la recevant le même jour à Soissons ?

Quoi qu'il en soit, la Lettre d'Aristarque est certainement antérieure à Hilduin ; et comme on ne peut l'attribuer à un faussaire gaulois, elle reste un témoignage authentique de la croyance des Grecs, des Athéniens, dès le VIIIe siècle au moins, à la venue de l'Aréopagite à Rome, lors du martyre de saint Pierre et de saint Paul, à sa disparition dès lors de l'Orient, et à l'achèvement de sa vie en Occident. Elle confirme ainsi la tradition constante des Gaules sur son envoi par saint Clément, sur son apostolat et son martyre à Paris. Athènes, les Grecs, tous les Orientaux ne devant jamais varier sur la venue et la mort chez nous de saint Denys, disciple de saint Paul, et jamais le tombeau de l'illustre Aréopagite n'ayant été montré ailleurs, la Lettre d'Aristarque est une pièce dont Hilduin, qui en reproduit avec trop de confiance assurément les détails, a eu, quant au fond, bien raison de se prévaloir.

Passons à la seconde pièce attribuée de même par les Bol-

(1) *Le grand Dictionnaire historique*, 8e édition, Amsterdam, 1698, p. 292.
(2) *Acta SS*, p. 704. Hilduin traduit ainsi ce passage : *Modo gentium frequenti et condenso impelu oppressa et intercepta dirimitur*. — *Passio S. Dionysii*, § 4.

landistes à d'heureux « imposteurs ». Venant faire suite à la première, elle a fourni à Hilduin sur l'apostolat de l'Aréopagite à Paris et sur son martyre de nombreux détails, inconnus aux deux Passions latine et grecque : c'est la *Conscriptio Visbii*.

Sachons d'abord d'où vient cette pièce. « La *Rédaction de Visbius*, écrit Hilduin à Louis le Pieux, a été, par un indice divin, trouvée dans un tome extraordinaire caché à Paris, *Conscriptio Visbii, quæ in tomo satis superque abdito Parisis divino nutu inventa* — parmi des tomes extrêmement cachés, *abditis ad modum tomis*. » « Étant, écrira-t-il dans sa Lettre à tous les chrétiens, comme ensevelie, elle était conservée au sein des ténèbres chez les Latins, dans les cassettes des anciens, *quasi sepulta antiquorum scrimiis apud Latinos... servabatur obtecta* (1). » Quel lieu recélait à Paris ces antiques cassettes ? Louis le Pieux et Hilduin, vont nous l'apprendre. L'empereur écrit à l'abbé : « Insérez aussi dans votre écrit les choses que vous aviez trouvées dans de très anciens tomes, ou chartes, découverts dans l'armoire de l'Église de Paris, le sacré siège de saint Denys, et que vous aviez mises sous les yeux de notre Sérénité, *nec non et illis, quæ in tomis vel in chartis vetustissimis armarii Parisiacæ Ecclesiæ, sacræ videlicet sedis suæ, prolatis inveneras, et oblutibus nostræ Serenitatis ostenderas* ». Et l'abbé écrit à l'empereur : « On doit accepter avec plus d'assurance ce que nous avons recueilli et que nous mettons par écrit sur cet éminent martyr, que tout ce qu'on lit çà et là de tout autre saint sans nom d'auteur : attendu surtout que ce que nous écrivons vient de l'antique écriture des vieux documents, comme étant non du Pré de Paris, mais du Pré de Paradis, *cum hæc, quæ scribimus, de antiquariorum antiquâ scripturâ sint, velut ex prato non Parisiaco sed Paradisiaco* (2). »

Ce *Pré du Paradis*, si expressément distinct du *Pré de Paris* dont Saint-Germain-des-Prés nous garde le souvenir sur la rive gauche de la Seine, est sans doute le « petit pré », dans la Cité, faisant partie du « lieu où on dit que le bienheureux Denys a été incarcéré », qui est mentionné dans une charte de 1206 de Matthieu, comte de Beaumont, *locum illum in quô incarceratus dicitur Beatus Dionysius... scilicet a pratello exteriore* etc ». Le

(1) *Patr. lat.*, t. CVI, col. 16, 22, 23.
(2) *Patr. lat.*, t. CIV, col. 1326 ; t. CVI, col. 20.

comte qui possède ce pré, ainsi qu'une chapelle abandonnée et une maison sise en ce lieu vénérable, fait don du tout « à Dieu et à Eudes évêque de Paris ». En 1207, Eudes va écrire: « Nous voulons que ce qui suit arrive à la connaissance de tous. Il y a dans la Cité de Paris un certain lieu d'une antique révérence et religion, où la tradition rapporte qu'a été retenu en prison le glorieux martyr Denys. Ce lieu, à ce qu'on assure, a été aussi honoré de la présence de Notre-Seigneur Jésus-Christ, quand il a donné à ce martyr le sacrement de son corps. La dévotion des fidèles y avait autrefois érigé une chapelle qui, par l'injure du temps, est devenue une solitude [et a été abandonnée. Enfin, le noble homme, Mathieu, comte de Beaumont, qui avait le droit de patronage et de propriété tant sur la chapelle que sur la maison adjacente, a, par une pieuse libéralité, transféré tous les droits qu'il possède là à nous et à nos successeurs. Nous donc, désirant ramener ce lieu à un état plus décent, nous avons construit, en mémoire et pour la vénération du bienheureux Denys, une chapelle plus monumentale, et nous avons établi dans cette église des chapelains pour la desservir, etc. (1). »

Cette chapelle, du plus pur style ogival, à trois nefs et trois travées, je l'ai retrouvée intacte en 1862, servant de caves à la Belle-Jardinière; je l'ai visitée avec M. Berty, l'historien du vieux Paris, et le vicaire général M. Le Rebours. On n'a pas craint de la faire disparaître en construisant, sous l'Empire, le nouvel Hôtel-Dieu. Mais ce que dit l'évêque Eudes, de la communion donnée ici-même par Jésus-Christ à saint Denys prisonnier, se trouvant raconté dans la *Rédaction de Visbius*, on ne peut douter que ce *Pré du Paradis* — ainsi nommé par Hilduin ou avant lui, à cause, ce semble, de cette apparition du Christ entouré d'anges, ce *Pré du Paradis* où du temps d'Hilduin on a découvert la *Rédaction*, — ne soit le *pré* du comte de Beaumont. Notre-Dame de Paris est à deux pas de là. Le texte de Louis le Pieux sur les « très anciens tomes ou chartes existant dans l'Église de Paris », est en parfaite concordance. C'est sur le « lieu » même de l'apparition du Christ qu'on a retrouvé le vieux document qui la relate. Et quel charme ici de rencontrer Notre-Dame dans le *Pré du Paradis* !

La *Rédaction de Visbius* a été écrite en grec. Ce point dont le lecteur entrevoit la haute importance, et que les Bollandistes

---

n'ont point mis en doute, peut se démontrer jusqu'à l'évidence. Hilduin qui a eu entre les mains la pièce et l'a insérée en nature dans sa collection des documents concernant saint Denys, nous est ici un témoin irrécusable. Ses témoignages sont surabondants. Ayant déclaré à Louis le Pieux que le document principal sur l'apostolat de saint Denys dans les Gaules et sur les circonstances de son martyre, est la *Rédaction de Visbius*, *Libellus antiquissimus passionis ejusdem explanat, præcipue tamen Conscriptio Visbii*, il signale « ensuite l'inintelligence d'une langue inconnue et étrangère, dans laquelle se trouvait principalement écrit ce qui a trait à l'histoire de ce vénérable et très ancien Père, *Hujus venerabilis et antiquissimi patris... ignotæ atque peregrinæ ubi de ejus notitiâ maxime scriptum erat inscitia* (1) ». Hilduin écrit encore dans sa lettre à la catholicité tout entière au sujet de sa vie de saint Denys l'Aréopagite : « Il m'a paru bon de consacrer une partie de mes sueurs à mettre au jour, avec l'aide du Christ, une notice sur l'ordre de sa conversion, de sa prédication, de son arrivée à Rome et du martyre triomphal du bienheureux Denys, laquelle est contenue principalement dans les histoires des Grecs, *quæ maxime Græcorum continetur historiis*. Étant en grande partie, *non modica portione*, comme ensevelie dans les cassettes des anciens chez les Latins, elle y était conservée au sein des ténèbres (2). » C'est ainsi que l'abbé de Saint-Denys a écrit à Louis le Pieux dès le début de sa Lettre : « Vous nous demandez de vous envoyer réunies ensemble toutes les pièces concernant notre seigneur et patron Denys, trouvées dans les Codex soit grecs, soit latins, *tam in græcis quam in latinis codicibus*, que nous avons peu connus jusqu'ici.... Tout ce que nous avons tiré d'une langue étrangère, *haec quæ ab alienâ linguâ expressimus*, nous l'insérerons dans le tissu de notre récit continu, ainsi que la matière est sortie clarifiée du pressoir, *in tenoris specie, sicut de prelo sunt eliquata, texemus* (3). »

Ainsi la *Rédaction de Visbius* a été certainement écrite en grec ; et Hilduin en a mis dans ses *Aréopagitiques* la traduction pure et simple. Maintes fois cette traduction laisse transpirer

(1) § v, xi.
(2) *Patr. lat.*, t. CVI, col. 22.
(3) *Ibid*, col. 15.

son original (1). Le ton de la pièce, d'ailleurs, est celui de la rhétorique grecque, surchargée et diffuse.

L'usage de la langue grecque, dans les monuments ecclésiastiques, a cessé en Occident sur la fin du IVᵉ siècle. Saint Damase, élu pape en 366, écrit en latin. C'est le Psautier latin dont se sert l'Église de Tours en 374, au moment de l'élection, comme évêque, de saint Martin (2). La *Rédaction de Visbius*, écrite en grec, n'est donc pas postérieure au IVᵉ siècle, ni même à son troisième quart. Remonte-t-elle plus haut, telle que nous l'avons ? Il ne semble pas, à lire la description suivante qu'on y rencontre de Lutèce : « Alors la cité des Parisiens, se trouvant être un siège royal, *ut sedes regia* (οἰκία βασιλική ?), était puissante par le concours des Gaulois et des Germains et sa grande renommée, *nobilitate* (εὐγένεια ?) ; car l'air y était salubre ; son fleuve la rendait agréable ; elle avait la fécondité du sol, elle était couverte d'arbres et très riche en vignes ; la population s'y pressait : on y voyait toute sorte de commerces et de transports, les eaux du fleuve l'environnant. Ces eaux, entre les divers genres de commodités, fournissaient de leur lit aux citoyens une grande quantité de poissons (3). »

Cette description qui se retrouve, avec de légères variantes, et une addition sur la Seine enveloppant la cité comme une île et fortifiant d'autant ses murs, dans la Passion latine et la Passion grecque, cette description que nous lisons dans les *Aréopagitiques* d'Hilduin a été visiblement prise par lui telle quelle de la *Rédaction de Visbius*. Elle contient ce trait, *ut sedes*

(1) CONSCRIPTIO (pour SCRIPTIO) rappelle συγγραφή ; MACARIUS (pour BEATUS) Dionysius (xx), μακάριος ; GLORIOSUS *Domini* (xviii), ἔνδοξος ; LOCO maximæ venerationis est habitus (*ibid*) τόπῳ mal lu pour τρόπῳ ; in DIVERSORIO (xxi), σταθμός ; signifiant ici *étable* ; ad *præfecti* AUDITIONEM (xxviii), ἀκροατήριον (lieu d'audience) ; TERRORE *subjuncto* (xxx), δείματι (objet de crainte) ; IN CONSPECTU (*ibid*), ἐν τῷ φανερῷ (en public). *Ducebantur justi in* VINCULIS, pour VINCULA (xxix), est un hellénisme. L'assonance latine : *non* VERBORUM, *sed* VERBERUM *conflictatione vobiscum viriliter decertabo* (xxvi) doit être le fait du traducteur ayant lu probablement dans l'original οὐ λόγων ἀλλὰ μαστίγων. *Galliarum* PRIMI SACERDOTIS (xxxii), pour SUPREMI SACERDOTIS, vient manifestement δ ἀρχιερεύς ; et INNOTUIT (xxxv) pour INNOTESCERE FECIT trahit de même φαίνω, qui a les deux sens actif et neutre. Une pièce analogue à celle-ci et qui paraît en dériver, la *Donation de Visbius*, va nous offrir, en son latin barbare, un demi mot grec en nature, *Schopos*, reste d'ἐπίσκοπος.

(2) SULPICE-SÉVÈRE, *Vita S. Martini*, l. 1, 7.

(3) *Patr. lat.*, t. CVI, col. 40.

regia, qu'omettent la Passion latine et la Passion grecque à sa suite. Lutèce, au quatrième siècle, était en effet une des résidences impériales. Julien, Valentinien, Valens, nous l'avons dit, ont séjourné dans le palais dont nous voyons les restes, et dont on attribue la construction à Constance Chlore. Zozime et Ammien Marcellin l'appellent βασιλική, *regia*, comme l'auteur de la *Conscriptio Visbii*. Cet auteur trahit ainsi sa date. Il la trahit pareillement quand il montre à Lutèce le concours des Gaulois et des Germains. Ammien Marcellin ne nous a-t-il pas signalé, en 360, les troupes auxiliaires arrivées des bords du Rhin à Lutèce, qui brisent les portes de la *regia* de Julien et le proclament Auguste malgré lui ? Parlant de la Passion latine, l'éditeur de S. Fortunat, qui pense qu'on peut la lui attribuer avec vraisemblance, Luchi nous dit : « L'auteur de la Passion écrit au temps où une partie de la Germanie obéissait à l'empire des Francs. Souvent les écrivains ont coutume d'adapter tout leur langage aux temps où ils écrivent (2). ». Si cette Passion où, dans le texte actuel, le trait, *sedes regia*, ne figure plus, nous reporte à un temps postérieur au IVe siècle, et plutôt au Ve — où, par l'invasion des barbares, Lutèce n'est plus la *sedes regia* — qu'au VIe — où, grâce à Clovis, Lutèce redevient cette *sedes*, — la *Rédaction de Visbius*, avec sa langue grecque et Lutèce, résidence impériale, nous arrête au IVe, et non vers la fin, le latin à ce moment ayant supplanté le grec dans nos Églises des Gaules.

D'après la *Rédaction de Visbius*, Denys, disciple de saint Paul, et « maître des Athéniens », étant envoyé de Rome dans les Gaules par S. Clément après le martyre de saint Pierre et de saint Paul, aborda au port d'Arles. Ayant destiné quelques-uns de ses compagnons, qu'on ne nomme pas, à diverses missions nécessaires, il vint à Lutèce des Parisiens, sans craindre la férocité d'une nation incrédule, fortifié qu'il était par le souvenir de nombreux tourments qu'il avait endurés pour le nom du Christ, et, confesseur, aspirant au martyre. Après qu'il eût converti un des habitants les plus considérables de Lutèce, Lisbius, il lui demanda à acheter « le champ d'un endroit solitaire (ἐρημίας) » de son domaine, pour y construire un baptistère. Il tint à payer, ce lieu futur des saints mystères, attendu que Jésus-Christ était né dans une étable louée, et avait payé du prix de sa personne le lieu de

____

(1) *Patr. lat.*, t. XXXVIII, col. 577.

la sépulture des étrangers (1). Il gagnait les cœurs des païens par ses miracles autant que par ses prédications ; et « le cothurne gaulois, κόθορνος (*l'homme inconstant*), et l'entêtement germanique, *cervicositas*, αὐθάδεια, se soumettaient à lui à l'envi, et demandaient qu'on leur imposât le joug suave du Christ ». Les partisans du démon, « pleurant leurs dieux ruinés, *deorum suorum flentes exitia* (2), mais ne pouvant, à cause de la multitude des fidèles, détruire l'église construite, font appel à Domitien contre « un magicien invincible et ses adhérents ».

Le nouveau Néron envoie dans les Gaules le préfet Fescenninus Sisinnius avec des suppôts choisis. Ils trouvent le bienheureux Denys luttant contre les infidèles, assisté de Rustique qu'il a ordonné prêtre et d'Éleuthère qu'il a ordonné diacre. Le préfet demandant à Denys quelle divinité il adore, tous trois, inspirés du Saint-Esprit, répondent d'une seule voix qu'ils sont chrétiens, adorant un seul Dieu et Seigneur le Père, le Fils et le Saint-Esprit, et le Seigneur Jésus-Christ, l'une des personnes de cette Sainte Trinité, fait homme pour le salut des hommes, né de Marie toujours vierge, mis à mort, enseveli, ressuscité des enfers, assis au plus haut des cieux à la droite de son Père, et qui viendra juger les vivants et les morts. Sur ce, vient au tribunal l'épouse de Lisbius, Larcia, « noble matrone d'une illustre famille, qu'entoure un grand cortège ». Elle se plaint que son mari « a été séduit par les arts magiques de Denys ionien, surnommé Macaire, et s'est associé à ses transgressions ». On recherche Lisbius : il confesse le Christ, le préfet le condamne à mort. Sur l'ordre de Sisinnius, Denys est flagellé par trois groupes de trois soldats successivement, en présence de Rustique et d'Éleuthère qui, inébranlables, sont aussi cruellement flagellés. Chargés de lourdes chaînes, tous trois sont enfermés dans une prison ténébreuse. On les en tire pour les étendre, après un nouvel interrogatoire, sur des chevalets et les flageller encore. Pour Denys, placé nu sur un lit de fer, en présence des siens, il subit le supplice du feu. On le livre ensuite à des bêtes

____

(1) Le texte latin imprimé porte *captivorum* pour *peregrinorum* du texte de saint Matthieu. De qui vient la faute, de l'auteur, du traducteur ou du copiste ?

(2) L'imprimé porte *exilia* ; mais le manuscrit de Chartres 193 (xᵉ siècle) porte avec raison *exitia*.

féroces, dont il arrête l'élan d'un signe de croix, et qui viennent se prosterner à ses pieds. Jeté dans une fournaise, il suspend de même les flammes par le signe de la croix. On le crucifie alors avec des clous, et de sa croix, il ne cesse de prêcher Jésus-Christ aux assistants. « On l'en dépose longtemps torturé, mais non mort, et les trois élus du Seigneur, avec une multitude de fidèles sont renfermés ensemble dans la prison de Glaucin. » L'évêque y multiplie les exhortations à ses ouailles accourues et à celles qui sont absentes, et, « pour fortifier les fidèles par la participation au corps et au sang du Seigneur, il célèbre, étant déjà comme élevé dans les cieux, les solennités dominicales des *Renvois* (la *messe*), *Dominica Missarum solemnia* ». Au moment de la fraction du pain, la prison resplendit, et le Christ, au milieu des anges, prenant le pain sacré, le donne au pontife : *Reçois*, dit-il, *mon bien-aimé, ce que je parferai bientôt pour toi, ensemble avec mon Père*. A ce spectacle était présente la païenne Larcia, attirée là par la curiosité des miracles. Tirés de la prison, les serviteurs du Christ sont ramenés devant le préfet ; et, mis en présence de nombreux cadavres de fidèles par eux convertis, offrant les traces des tourments qu'ils ont subis, ils louent Dieu qui humilie ici-bas les siens pour les glorifier dans le royaume céleste ; puis, tourmentés par des supplices non éprouvés encore, flagellés une seconde fois, ils sont conduits au lieu où est l'idole de Mercure. Après une dernière prière du pontife, à laquelle tous les fidèles, et de nombreux païens même qui se lamentent, répondent *amen*, ils sont décapités tous trois au même instant, avec des haches émoussées, selon l'ordre de Domitien ; et « leurs têtes étant coupées, leur langue palpitante paraît confesser encore le Seigneur Jésus-Christ ».

Une immense multitude de fidèles était immolée ce même jour à Lutèce et dans les alentours, pour le nom du Christ, avec des supplices inouïs. Et voilà que « pour démontrer les glorieux mérites du saint martyr et du grand pontife des Gaules » éclate un nouveau prodige. Le cadavre du bienheureux Denys se lève, et, tenant sa tête dans ses mains inclinées, il la porte, au milieu d'une cohorte d'anges resplendissante et chantant des hymnes, du lieu où il a été décapité, l'espace d'environ deux milles, au lieu qu'il a choisi pour sa sépulture. Des troupes innombrables d'anges remontent alors aux cieux, chantant : *Gloire à vous, Seigneur, Allelluia*. Ce que voyant et entendant, des foules innombrables, nombre même de persécuteurs, embrassent la foi ; et les incrédules, saisis de terreur, s'enfuient. Larcia, témoin du prodige, se précipite au milieu des infidèles, s'écriant qu'elle est chrétienne ; et, aussitôt saisie, elle est baptisée par le martyre dans son sang. Quant aux martyrs Rustique et Éleuthère, les persécuteurs décident de jeter leurs corps dans la Seine, pour ravir à la dévotion des fidèles le patronage de leur tombeau. Mais une noble mère de famille, Catulla, païenne encore, mais inclinée à la foi du Christ par les exemples des martyrs, attire à un banquet les exécuteurs de l'ordre impie, et fait cacher les corps dans un champ où des laboureurs traçaient les sillons d'automne. Le feu de la persécution apaisé, elle les retrouve le jour anniversaire même de leur martyre, les réunit aux restes de leur maître, et construit sur les trois tombeaux un haut mausolée. Baptisée, elle fera don de tous ses biens au Christ et aux martyrs ; et tant qu'elle vivra, elle ne cessera de faire les veilles sacrées auprès des saints corps. Elle méritera ainsi de rejoindre le Christ et les martyrs dans la gloire.

Le nombre des fidèles s'étant multiplié avec le temps, une magnifique basilique sera construite sur les tombeaux des martyrs. « C'est là que chaque jour leurs mérites sont manifestés par une foule de miracles dépassant l'imagination humaine elle-même... La vue est rendue aux aveugles, la faculté de marcher aux impotents, l'ouïe aux sourds... et les possédés des esprits impurs sont obligés, par le pouvoir des saints, d'indiquer en quel lieu repose chacun d'eux en prononçant son nom ».

Telle est en résumé la *Rédaction de Visbius*, bien conservée dans les *Aréopagitiques*, et dont le texte s'y distingue sans difficulté et en toute assurance.

La pièce donne sur Visbius les renseignements suivants : « Le fils de Larcia, Visbius, qu'elle avait eu de Lisbius son mari, étant venu à Rome, après que les croque-morts des pauvres eurent enlevé le soir Domitien, porta les armes sous trois Césars ; et, sous l'évêque saint Massus qui, le troisième après le bienheureux Denys, gouverna l'Église des Parisiens, étant de retour, il renonça à toutes les choses du monde, fut baptisé, et associé à la classe des religieux et des pauvres du Christ ».

Cette petite biographie résume une charte à laquelle Louis le

Pieux fait sans doute allusion quand il parle des *chartes très anciennes, chartis vetustissimis*, concernant saint Denys, qu'Hilduin a trouvées « dans l'armoire de l'Église de Paris », et lui a présentées. Hilduin, toutefois, ne l'a pas jugée digne d'une mention spéciale. C'est une Profession de foi et une Donation de Visbius, résumant tout ce qui est écrit dans la *Rédaction de Visbius*, avec les propres termes et deux phrases de mot à mot de la traduction donnée par Hilduin. Le P. Morin a trouvé cette pièce dans un Sacramentaire, qu'il a jugé être « contemporain d'Hilduin ou même plus ancien », et l'a publiée en 1655 dans son traité *De Ecclesiæ ordinationibus*. Les Bollandistes l'ont publiée à leur tour, d'après un manuscrit se donnant pour être la copie d'un ancien Codex, et présentant quelques légères variantes (1). Elle offre deux détails à relever. Visbius renonce à son droit de retour, *postiliminium*, sur le champ acheté à son père Lisbius par saint Denys pour y faire un baptistère, et qu'il dit lui être resté en héritage de sa mère Larcia ; et il le transmet au « bon ministre du Christ Jésus, Massus (2) ». Il donne ensuite « tous ses biens pour la nourriture de ceux qui ont la même foi » que lui. Après quoi, « se faisant étranger à ce monde », il se « livre à Jésus Dieu » et donne son « nom à la fontaine baptismale (3) ». Cette *Donation de Visbius*, avec sa doctrine identique à celle de la *Rédaction*, et son *Credo* si exprès sur la Trinité et les autres dogmes chrétiens, ne paraît pas non plus être antérieure au quatrième siècle. Est-elle aussi de ce temps ? Bien qu'Hilduin ne nous apprenne pas, comme pour la *Rédaction*, qu'elle a été écrite en grec, le texte latin, qui procède certainement, et pas à pas, des *Aréopagitiques* d'Hilduin, le fait assez soupçonner dans certains traits qui lui sont parti-

---

(1) P. 706 Le P. Morin tenait le Sacramentaire du bénédictin Arnold Wion, né à Douai en 1554 et mort dans les premières années du xviiᵉ siècle.

(2) « Dono illi (Christo Jesu) et tibi, bonus minister ejus Masso presbytero schopos omne postliminium meum cum illo quod est in urbanio hujus. Illi respuo quod Dionysius Macarius a patre meo comparavit ad domum baptismalem faciendam, quia dicebat Jesum in locato natum, et de ejus pretio captivorum sepulturam comparatam, et remansit mihi, de matre mea Larcia quæ prodidit patrem meum »... *Ibid.*

(3) « Et sic totum credo, et trado omnia mea ad victum illis qui sic esse credunt, et me alienum facio de hoc mundo, et trado me Jesu Deo, et nomen meum ad fontem baptismalem dono ». *Ibid.*

culiers (1). Commençant : *Qua propter ego Visbius*, elle semble être un appendice de *Rédaction* même *de Visbius* ; et, comme en la résumant elle la suit de près, il n'y a pas à s'étonner de la trouver écrite dans la même langue.

On peut se demander si elle ne serait pas un canevas, amplement brodé par la *Rédaction*. Les Bollandistes l'ont cru et ont placé au VIIIe siècle la broderie grecque sur le canevas qu'ils ont estimé avoir été écrit en latin et qu'ils ont déclaré fabuleux : toutes choses qu'ils ont supposées, non démontrées. Ce qui reste certain, c'est qu'Hilduin a eu en mains et a produit en public, sous les yeux de Louis le Pieux, la *Rédaction de Visbius* en grec, et que les indications historiques et critiques nous obligent à placer ce document au IVe siècle, avant la fin. Ce qui n'est pas improbable, c'est que la *Donation de Visbius*, pièce apocryphe, censée du IIe siècle par sa teneur, est du même temps. Puisqu'avec le *Qua-propter* elle se donne comme la suite d'une autre pièce, dont elle paraît tirer tous ses considérants, on doit raisonnablement y voir un dérivé et non la source de la *Donation*.

Une chose ensuite frappe par son évidence, c'est que les deux pièces tendent à un même but, à affirmer le droit de propriété de l'Église de Paris sur le terrain qu'elle occupe. Le début de la *Rédaction* expose l'acquisition de ce terrain à prix d'argent par saint Denys ; la fin, la renonciation à tous ses biens propres du fils du vendeur, devenu chrétien, sous le troisième successeur de saint Denys, Massus. La *Donation* est l'acte même de cette renonciation, et l'abandon à Massus de tous les droits de retrait lignager. On conçoit que deux pièces de ce genre aient été conservées dans l'armoire de l'Église de Paris, et qu'écrites en grec, au moins l'une, sûrement, elles y soient restées enfouies plus ou moins du Ve siècle au commencement du IXe, en ces temps où, comme dit Hilduin, le grec était une « langue étrangère et inconnue ». Le terrain acquis par saint Denys est, d'ailleurs, désigné par un terme dont l'exactitude pouvait se

______

(1) Ainsi, *Ex digna Maria* » : Ἄξιας ; *Tibi bonus minister, Masso presbytero schopos* ; *In urbanio hujus* : αὐτοῦ (*ici même*) ; *Illi respuo* : Ἐκδίδωμι (*j'abandonne*) ; *Dominicas celebrantem* : Κυριακάς, *missas dominicas ?* — La *Donation* fait dire à saint Denys par Jésus-Christ : *Accipe hoc, care munus*, au lieu de : *Accipe hoc, chare meus* qu'on lit dans la *Rédaction*. Mais *munus* pour *meus* paraît être une faute ou une correction du copiste de la *Donation*.

reconnaître encore au dernier siècle. Les plans de Paris nous montrent autour du chevet de Notre-Dame de grands espaces non construits que baigne la Seine. Celui qui est à la pointe de l'île a nom *Le Terrein*. Cela ne rappelle-t-il pas ce « champ de l'endroit solitaire » du domaine de Lisbius que saint Denys appelle, dans la *Rédaction* du ive siècle, *secretarii lui agrum*?

Il nous est facile d'apprécier maintenant la valeur historique de la *Rédaction de Visbius*. Cette pièce n'est pas du personnage de ce nom, donné comme fils des co-martyrs de saint Denys, Lisbius et Larcia, du soldat qui a combattu sous Nerva, Trajan et Domitien. Elle ne porte, d'ailleurs, son nom que dans le titre, si la pièce, qui semble connexe, la *Donation de Visbius*, porte son nom expressément. Elle est du ive siècle, non du second. Mais elle émane des archives de cette Église de Paris, où au ive siècle nous trouvons sur le siège de saint Denys, Victorinus se rendant en 359 au concile de Cologne, puis à celui de Sardes, et où, du ve siècle au temps d'Hilduin, brillent ces grands noms, saint Marcel, saint Germain, saint Ceran, saint Landry, et ne cessent de se succéder des évêques vénérables. Sous de tels prélats, a-t-on pu conserver dans ces archives une biographie imaginaire de saint Denys, et consacrer par un respect quatre fois séculaire un tissu d'impostures servant de base à la liturgie même? Car il n'y a pas à nier ce que les yeux mêmes attestent, l'office de la fête de saint Denys, c'est-à-dire la Passion latine, dans sa totalité et dans ses extraits, émane de la *Rédaction de Visbius*.

Rédigée au ive siècle, cette biographie de saint Denys n'a pu l'être que sur des témoignages, écrits ou oraux, vraiment sérieux. Écrivant en grec, au milieu des Latins, à qui le grec restera étranger dans quelques années, on entrevoit que l'auteur de la *Rédaction* dite *de Visbius* y a été engagé par quelque document grec ancien et autorisé, et que, selon l'usage du temps, il a amplifié cet original pour l'instruction et l'édification des fidèles : heureux, d'ailleurs, d'honorer en leur langue les glorieux apôtres et martyrs dont l'Orient a fait don à l'Occident. Tel détail inattendu est consigné comme servant de titre actuel et ferme de propriété ; les supplices des martyrs sont, d'autre part, tout empreints de l'émotion vive des témoins. Si donc c'est à tort que Visbius serait reconnu pour l'auteur de cette *Rédaction*, ce ne serait pas sans raison qu'on retrouverait là des souvenirs immédiats et comme palpitants de lui ou des siens. Cette biographie du ive siècle trahit plus ou moins ses sources du second. Le ton du ive siècle qui y règne rappelle celui des biographies de sainte Cécile ou de sainte Agnès, composées, à la Paix de l'Eglise, pour l'usage liturgique. On admet la haute valeur historique de ces Actes, bien que n'atteignant pas la valeur péremptoire des Actes proprement authentiques. Une sage critique doit apprécier ainsi la *Rédaction de Visbius*.

Les bénédictins du *Gallia christiana*, dressant en 1744 la liste des évêques de Paris, n'hésiteront pas à écrire : « Premier « évêque, Denys, — deuxième, Mallo. Le successeur de Denys, « comme évêque de Paris, Mallo, nous est connu par les tables « de l'Eglise cathédrale, — troisième, Massus. Les tables de « l'Église de Paris nous apprennent que Massus a succédé dans « l'épiscopat à Mallo, et qu'il a été le troisième évêque de « Paris, à partir de saint Denys. Hilduin mentionne ce prélat… « Massus écrivit la passion et le martyre de saint Denys et « de ses compagnons, comme observe Démocharès, au livre « second du *Sacrifice de la messe*, chapitre xviii. Il est aussi « qualifié saint en quelque endroit (1) ». On lit, en effet, dans les *Aréopagitiques* d'Hilduin, en un passage où il suit on reproduit la *Rédaction de Visbius* : « Le saint évêque Massus qui, le troisième, à partir du bienheureux Denys, gouverna l'Eglise des Parisiens ». Il y a ainsi pleine concordance entre « les tables de l'Église de Paris », et la *Rédaction de Visbius* ; et les doctes bénédictins croient pouvoir suivre le célèbre doyen de la Faculté de Paris, Antoine de Mouchy, dit Démocharès, mort en 1574, quand il attribue à Massus, au iie siècle, ce qui sera, au ive, la moitié de la *Rédaction* dite *de Visbius*, « la Passion et le martyre de saint Denys et de ses compagnons ».

Grâces soient donc rendues à Hilduin de nous avoir conservé dans ses *Aréopagitiques*, en nous renseignant parfaitement sur cette pièce, la *Rédaction de Visbius* : Vie et Passion, non moins incomparable que fondamentale, du premier évêque de Paris, de saint Denys l'Aréopagite !

Hilduin appuie le témoignage de la *Conscriptio Visbii* du témoignage de deux Préfaces du rit gallican, mais en faisant remonter l'abolition de ce rit à des lettres adressées aux évêques des Gaules par saint Innocent Ier, saint Gélase, saint Gré-

_____

(1) *Gallia. christ.*, t. VIII, p. 13, 14.

goire le Grand, quand elle n'a été accomplie, en effet, que sous Charlemagne. Il écrit à Louis le Pieux, touchant la *Conscriptio* : « A elle viennent se joindre des Missels très anciens et presque détruits par une extrême vétusté, contenant l'ordre de la messe selon le rit gallican, qui a été en usage, dans cette partie de l'Occident, depuis que la foi a commencé à y être reçue jusqu'à la réception du rit romain dont on se sert à présent. Dans les volumes sont deux messes qui, dans l'acte de la célébration, pour provoquer la clémence de la commisération divine et exciter le cœur du peuple à l'ardeur de la dévotion, rappellent succinctement les tourments du martyr et de ses compagnons, comme d'autres messes écrites là même célèbrent les tourments des autres apôtres ou martyrs dont les Passions sont très connues. Les chants, quant aux pensées et aux paroles, paraissent tellement concorder avec la série du récit de leur Passion que nous vous avons envoyée, qu'on ne peut douter que leurs combats n'aient été décrits par un témoin de leur martyre, et que c'est de cette histoire véridique que la mémoire de leurs tourments a été consignée dans lesdites prières ».

Ainsi, bien longtemps avant Charlemagne, voici dans la liturgie parisienne, un résumé de la série des tourments des martyrs Denys, Rustique et Éleuthère, telle qu'on la trouve dans la *Rédaction de Visbius*. Les deux messes gallicanes étaient en latin, Hilduin ayant omis, ce à quoi il avait intérêt, de dire qu'elles étaient en grec ; et il est très probable que nous en avons des restes dans ces deux passages qu'on lit au second prologue et vers la fin de la Passion latine : *Gratias tibi, Domine Jesu, qui infestantis inimici tela probationem fidelium tuorum permisisti esse, non vulnera ; et talem tuis præstas pro labore mercedem, ut nullum tuorum fuisse gaudeat hostis imbellem. — Beata nimium et Deo nostro grata societas, inter quos nec primus alter potuit esse, nec tertius, sed Trinitatem confitentes, venerabilem locum trino decoravère martyrio.* Mais elles émanaient d'un original grec, soit la *Rédaction de Visbius*, soit tel document antérieur ayant fourni à cette *Rédaction* plus ou moins de ses éléments. Qu'il vienne du soldat Visbius, de l'évêque Massus ou de tel autre contemporain, il ne laisse pas de faire songer à ces Actes grecs des martyrs de Vienne et de Lyon, rédigés sur l'heure en 177, dont Tillemont, parlant d'Eusèbe, écrit : « Je ne sais si on ne peut pas dire que c'est le plus bel endroit de son

Histoire ecclésiastiqne (1) ». Ce qu'Hilduin dit des deux messes gallicanes et de leurs longues et pathétiques Préfaces, que le temps nous a si malheureusement dérobées, n'autorise-t-il pas ce rapprochement ?

En présence de tels témoignages, la critique janséniste du xviie siècle, si hostile aux souvenirs des saints comme à leur culte, a éprouvé un juste embarras. Elle s'est empressée, pour en sortir, de dire qu'Hilduin avait fabriqué ces pièces pour accréditer l'Aréopagitisme de saint Denys, dont elle le faisait, dans son peu de science, l'inventeur. Mabillon a vengé l'abbé, son confrère bénédictin, du reproche de mauvaise foi ; il a rappelé que l'archevêque de Lyon, saint Agobard, son contemporain, l'a qualifié de « très saint et bienheureux, *sanctissimum ac beatissimum* (2) ». Dom Félibien est allé un peu plus avant, montrant que Baronius, les pères Alloix, Ménard, Chifflet, Alexandre et d'autres ont soutenu le sentiment d'Hilduin sur l'Aréopagitisme (3). Les Bollandistes se sont refusés aussi à voir un imposteur dans l'abbé de Saint-Denys, mais ils ont fait de lui la victime d' « imposteurs » aussi incroyables qu'imaginaires. Assurément ils eussent été mieux inspirés d'adopter la page suivante des *Réflexions sur les règles et sur l'usage de la critique*, publiées en 1713 par le carme déchaussé Honoré de Sainte Marie (4) :

« Il faut aussi tomber d'accord, qu'on ne trouvera peut-être
« pas d'exemple dans l'Histoire, soit Ecclésiastique, soit Pro-
« fane, d'une impudence égale à celle d'Hilduin, s'il a inventé
« la fable de saint Denys l'Aréopagite. Qui peut se persuader,
« en effet, qu'un abbé aussi célèbre, d'une noble famille, doué
« d'une grande modération, mais surtout de beaucoup de piété,
« d'une capacité et d'une probité si reconnues, qu'elles portent
« un grand Prince à le choisir pour son ministre et à lui con-
« fier le maniement des affaires les plus importantes de son
« Royaume : qui peut se persuader, dis-je, qu'un auteur de ce
« caractère écrive une histoire par ordre de son Prince, et
« qu'il farcisse cette histoire de fables ; qu'il entreprenne d'im-
« poser à son Roy, aux Evêques, et à tout un Royaume ; et que

(1) *Mémoires*, t. III. p. 2.
(2) *Anal.*, t. I, p. 62.
(3) *Histoire de l'abbaye de Saint-Denys*, p. 77.
(4) Paris, t. I, p. 230.

« cependant il offre de produire les monuments authentiques,
« où il a puisé son histoire ; monumens qui pouvant se trouver
« entre les mains de plusieurs, pouvaient aussi en même tems
« révéler et découvrir ses impostures et ses faussetez ? Une telle
« conduite, aurait été, ce me semble, le dernier période de
« l'effronterie et de la témérité. Ainsi quand on ne trouverait
« pas aujourdhui les pièces dont Hilduin s'est servi pour faire
« l'histoire de saint Denys ; ou que les choses qu'il dit s'y être
« trouvées de son tems, ne s'y trouveraient plus : il est de
« l'équité de l'en croire sur sa parole, plutôt que les Écrivains
« de nos jours. De légères conjectures, ou des arguments néga-
« tifs doivent-ils l'emporter sur un témoignage formel, et ac-
« compagné de toutes les circonstances que nous venons de
« rapporter ? »

La *Rédaction de Visbius*, trouvée en grec par Hilduin, portant
le cachet du IVe siècle et émanant de traditions ou d'écrits dont
l'Église de Paris a conservé le dépôt, et qui se rattachent en
particulier à une famille de martyrs convertie par saint Denys,
mérite donc, de notre part, la croyance morale justement accordée à tant d'Actes de martyrs de cette date, et le maintien de
cette vénération que, pendant tant de siècles, lui ont accordée
nos pères et dont l'Église nous donne l'exemple.

Reprenons l'exposé des sources des *Aréopagitiques* d'Hilduin,
dont les quatrième et cinquième sont la *Rédaction de Visbius* et
les « très anciens missels » gallicans conformes à cette *Rédaction*.

La sixième, ce sont les *Pages des Latins*, que nous connais-
sons. Elles émanent visiblement, et maintes fois textuellement,
de la *Rédaction de Visbius*. Hilduin se servira de leur texte pour
reproduire en latin cette *Rédaction* grecque. Il les trouvera consacrées dans la liturgie depuis plusieurs siècles, à dater du lendemain de la Paix de l'Église. Leur forme définitive est moins ancienne. Avec leurs deux prologues additionnels, avec la plainte
de leur auteur de manquer de documents un peu étendus, avec
l'institution des moines qu'il prête à saint Denys, *probatasque
personas honore secundi ordinis ampliavit*, elle doit, telle quelle,
se rattacher à l'abbaye de Saint-Denys et au culte par les moines
de ce « patron particulier » dont l'auteur « retrace, en vertu
d'une obédience, les gestes, *peculiaris patroni suscepti officii ten-
dit obsequium* ». Mais tout le fond date assurément du culte
rendu par le commun des fidèles à saint Denys, à son tombeau,

au premier siècle du culte public des martyrs : en ce siècle de Constantin, dont le père Constance Chlore, le neveu Julien, chrétien encore, et les successeurs chrétiens Valentinien et Valens ont eu à Lutèce une résidence impériale.

La septième source des *Aréopagitiques*, est ce qu'Hilduin appelle *Libellus antiquissimus Passionis*, notre Passion grecque. Nous savons qu'elle procède des *Paginæ Latinorum*, auxquelles elle ajoute divers détails, dont le miracle de saint Denys décapité, portant sa tête dans ses mains, que contient la *Conscriptio Visbii*, et qu'on y lira lors de sa découverte. Il ne serait pas étonnant que les clercs venus à Saint-Denys avec Étienne III, sicilien né dans l'empire grec, clercs dont une partie certainement entendait le grec, aient eu connaissance du grand document grec concernant saint Denys, que gardaient les archives de l'Église de Paris ; et qu'ils aient puisé là, autant ou plus que dans la tradition, la connaissance de ce miracle sans exemple dans les fastes des martyrs, et réclamant, pour être reproduit, un témoignage pleinement solide.

Est-ce dans le texte original qu'Hilduin a connu ce *Libellus Passionis*? La qualification d'*antiquissimus* qu'il lui donne porte d'abord à le croire, la langue seule ayant pu lui faire prendre ainsi le change sur une pièce datant de moins d'un siècle. Comme, ensuite, en mettant les *Paginæ* Latinorum en parallèle avec le *Libellus antiquissimus*, il dit d'un côté que l'apostolat de saint Denys dans les Gaules et son martyre sont décrits dans le *Libellus*; mais « surtout, *præcipue*, dans la *Conscriptio Visbii*, et d'autre part, que c'est principalement en grec qu'on avait écrit pour faire connaître saint Denys, *peregrinæ linguæ, ubi de ejus notitiâ maxime scriptum erat*, il montre assez, en effet, que le *Libellus antiquissimus Passionis*, la Passion grecque, a été en grec sous ses yeux. Deux autres passages semblent lever tout doute. Dans l'un, Hilduin dit que Fortunat n'a rien su de la nationalité de saint Denys et de son envoi dans les Gaules, parce qu'il n'a pas connu la langue grecque : *quia linguæ græcæ penitus expers fuit* ; et voilà que notre Passion grecque offre, précisément ces renseignements. Dans le second, il s'agit d'une leçon du *Libellus Passionis* portant que « saint Clément a ordonné le bienheureux Denys évêque, *episcopum ordinaverit*, et l'a envoyé dans les Gaules », ce qui prouverait qu'il n'est pas l'Aréopagite, évêque d'Athènes. Hilduin trouve, avec raison, la leçon fautive. « La faute, dit-il, a pu venir de ce qu'on ne tenait pas d'une source authentique le texte de la Passion de ce saint de Dieu, *fieri enim potest... quod textum Passionis hujus sancti Dei non habeant, et in hoc errent* » ; elle tient à l'inintelligence d'une langue inconnue et étrangère, *ignotæ atque peregrinæ linguæ.., inscitiâ* ». Pour corriger cette faute, il faut faire ce qu'a fait saint Jérôme, en présence de « la variété des divers interprètes : » il est allé aux originaux hébreux et grecs ; et notre langue latine a reçu, de la source même, la vérité sans mélange, *per beatum Hieronymum lingua nostra meracam veritatem ab ipso fonte suscepit (1)* ». Hilduin a donc bien eu sous les yeux l'original grec du *Libellus Passionis*.

On voit qu'une traduction latine de cette Passion grecque existait avant lui, non exempte de fautes. Retouchée, elle nous est parvenue dans des manuscrits dont le plus ancien, celui de Florent, est du xe ou xie siècle (2). Nous la retrouvons dans les passages insérés par Hilduin en ses *Aréopagitiques*. Les Bollandistes, avons-nous dit, l'ont prise à tort pour l'original.

Avec ces sept sources, d'où il tire toute la Vie de saint Denys, Hilduin mentionne, comme venant à l'appui, deux hymnes liturgiques parvenues jusqu'à nous. L'une est celle du correspondant de saint Grégoire de Tours, saint Fortunat, « homme habile et très lettré, *vir prudens et scholasticissimus* (3) ». Elle suit la Passion latine consacrée dans la liturgie, et rappelle ainsi l'envoi de saint Denys dans les Gaules par le pape saint Clément :

> Clemente, Romæ præsule,
> Ab Urbe missus adfuit.

Mais elle ne dit rien, non plus que la Passion latine, de sa venue antérieure d'Athènes. Hilduin explique le fait, par l'ignorance qu'avait Fortunat de la langue grecque. Il n'a pas tort, d'ailleurs, d'attribuer à saint Fortunat cette hymne que des critiques modernes lui ont disputée.

La seconde hymne, qui est très expresse sur l'Aréopagitisme de saint Denys de Paris :

> Inluminavit Græciam
> Et inclytus hinc Pontifex
> Urbem Romanam adiit.

(1) Lettre à Louis le Pieux, §§ vi, xi, xii.

(2) *Bibliothèque Ricardi*, n° 223, fol. 148. Découverte par M. Arbellot, *Etude*, etc., p. 72.

(1) Lettre à Louis le Pieux, xii.

Clemente Romæ præsule,
Jubente, venit Galliam,

cette hymne — qui suit assez manifestement la Passion grecque,
— est attribuée par Hilduin, à saint Eugène de Tolède : *Hymnum
sancti Eugenii Toletani de beato Dionysio habemus* (1). C'est
l'attribution qu'elle porte dans les manuscrits des ix°, x°, xi°
siècle (2); et qui ne vient pas d'Hilduin, mais, on le voit, lui
est antérieure. La pièce est arrivée de loin, c'est-à-dire
d'Espagne, à l'abbaye de Saint-Denys, puisque Hilduin la
présente en opposition avec « les écrits des sages voisins,
vicinorum sapientium scriptis. » Quel est l'Eugène dont elle
parle? Bien que des Actes de saint Eugène, compilés à la suite
des *Aréopagitiques* et que nous lisons dans un manuscrit du
x° siècle (3), mettent cette hymne dans la bouche de saint
Eugène disciple de saint Denys, apprenant à Deuil, où il
va être martyrisé, le martyre de son maître à Montmartre,
personne ne songe à le faire auteur de ces iambes. Il s'agit bien
d'une hymne composée pour la fête annuelle de Saint-Denys,
annua festi munera, et chantée par tout un peuple qui lui dit :
« Offrez, excellent Pontife, nos gémissements et nos prières ;
affermissez notre foi, martyr de Dieu, et corrigez nos mœurs (4). »
On ne peut non plus attribuer cette hymne à saint Eugène,
évêque de Tolède au vii° siècle et poète, dont on trouve ici une
expression particulière *famen* pour *verbum*. Il n'a pu suivre la
Passion grecque qui est d'un siècle après lui ; et sans doute il
n'eût pas négligé les règles du rhytme iambique, en plaçant
si souvent un spondée au lieu d'un iambe au second pied. Ce qui
paraît probable, c'est qu'à l'apparition de la Passion grecque,
intéressant fort les Espagnols par la mention d'un Philippe,
envoyé par saint Clément comme « évêque d'Espagne, et de
Marcel » qu'on tient être l'antique Eugène, envoyé d'Arles par
saint Denys « en Espagne », la fête de saint Denys aura été
instituée à Tolède, et l'hymne composée par un poète un peu
rustique, mais d'ailleurs poète bien inspiré, qui l'aura mise
sous le nom vénéré du second Eugène, sinon du premier.

Hilduin ne dit rien d'une pièce que son disciple Hincmar,

(2) Col. 17.

(3) *Bibl. nat.*, 2,832 (ix° s.) ; 13. 764 *(x° s.)* ; 11,751 (xi° s.)

(4) *Bibl. nat.* 1040. Fonds Saint-Germain.

(1) *Offer, sacerdos optime,* — *Gemitus nostros et preces.* — *Firma fidem, martyr
Dei,* — *Moresque nostros corrige.*

fait archevêque de Reims en 845 et mort en 882, rendra célèbre par une lettre à Charles le Chauve en 876, les Actes de saint Sanctin, évêque de Meaux. On lit dans ces Actes que saint Denys ordonna à Paris Sanctin évêque, l'envoya prêcher à Chartres, puis l'établit évêque de Meaux, en lui donnant pour aide Antonin. Voyant approcher son martyre, il les fit venir tous deux, et leur prescrivit d'être témoins de ses discours et de ses tourments, d'en conserver la mémoire, et d'en faire part au pontife romain et aux fidèles de Rome pour en instruire les Athéniens qui en rendraient grâce à Dieu et seraient dévots à son culte. Ils partent pour l'Italie après le martyre de saint Denys. Antonin, atteint de la fièvre, de l'autre coté des Alpes, meurt dans une hôtellerie où Sanctin, poursuivant sa marche vers Rome, l'a laissé avec les ressources nécessaires. Pour s'éviter les frais des obsèques, l'hôtelier cupide l'enfouit dans une fosse sous du fumier. Sanctin, averti par une révélation, revient et le ressuscite. Tous deux vont à Rome, et s'acquittent de leur mission auprès du pape Anaclet, grec comme saint Denys, qui a succédé à saint Clément. Puis ils reviennent à Meaux, où « s'appliquant avec zèle à la sainte prédication et aux œuvres pieuses », ils meurent dans le Seigneur — Sanctin ayant eu Antonin pour successeur sur son siège. Hincmar écrit à Charles le Chauve qu'étant « adolescent, *in adolescentia*, » et « élève d'Hilduin, *nutritoris mei Hilduini* », il a transcrit à nouveau un manuscrit très usé, *quaterniunculos valde contritos*, sur la demande d'un ancien clerc de l'abbaye de Saint-Denys, Wandelmar, son ami, devenu abbé de la petite abbaye, *abbatiolum*, de saint Sanctin à Meaux. Ce manuscrit contenait « la vie et les Actes du bienheureux Sanctin, *de vita et actibus beati Sanctini*. Ce sont les présents Actes.

D'après cet exposé d'Hincmar, Hilduin n'a pu en ignorer l'existence au moment, en 836, de la composition des *Aréopagitiques*. S'il n'en a fait aucun usage, c'est qu'il ne leur a pas attribué l'autorité voulue. Faut-il les comprendre dans ces pièces dont il écrit à Louis le Pieux : « Nous nous réjouissons de posséder d'autres écrits, non publiés encore car ils ne sont pas encore tirés au clair, *et alia necdum prolata, quia non adhuc sunt ad liquidum enucleata* (1) » ? Cela est douteux. Ce qui est certain, c'est qu'Hilduin a évité de tirer de cette source un argument

(1) § vii.

qui eut été décisif pour sa cause de l'Aréopagitisme, et des détails
de haute importance pour la biographie de saint Denys.

Doit-on considérer cette pièce comme vraiment sérieuse, ainsi
qu'a fait Hincmar et d'autres encore jusqu'à nos jours mêmes ?
Ce n'est pas seulement un récit à l'air fort légendaire qui cause
des difficultés, ce sont des détails plus qu'invraisemblables. Qui
admettra que saint Denys ait aposté, les faisant venir du dehors,
des témoins de son prochain martyre, pour recueillir ses discours, consigner à l'histoire ses divers supplices, et assurer
l'établissement de son culte à Athènes, sa lointaine patrie, en
chargeant le pape et les Romains de cette transmission d'Occident en Orient ? Ces Actes paraissent avoir été écrits à Meaux,
à la petite abbaye de Saint-Sanctin probablement, sur cette
tradition qu'on peut tenir pour sérieuse, puisque le Martyrologe
romain l'a enregistrée, que saint Sanctin, fondateur de cette
Église, a été le disciple de l'Aréopagite, mais écrits de belle
imagination. Le premier paragraphe, qui procède manifestement de la Lettre d'Aristarque, nous montre que ces Actes ont
été écrits par quelqu'un qui la connaissait, avant qu'Hilduin en
fît la révélation au public. La Lettre ne paraissant être venue à
Paris que sous Pepin ou Charlemagne, c'est en ce temps qu'on
peut placer la composition de ces Actes. Si le manuscrit a paru
très usé quand Hincmar était un adolescent, c'est qu'étant
destiné à la liturgie et concernant le patron de l'Église de Meaux,
il a dû servir beaucoup dans un intervalle de trois quarts de siècle
environ. A la suite d'Hilduin, la critique doit renoncer à demander à cette pièce un appui spécial pour l'Aréopagitisme, et à
accepter d'elle certaines circonstances, qu'on ne trouve pas
ailleurs, de la vie de l'Aréopagite. Mais elle doit convenir qu'elle
est un nouveau témoin certain de la croyance à l'Aréopagitisme avant Hilduin.

Un dixième document mentionné par l'abbé de Saint-Denys,
mais qui ne nous est point parvenu, c'est le texte relatif à
l'Aréopagite d'un très ancien Martyrologe grec. Parlant du
magistrat athénien converti par saint Paul, devenu le « compagnon » de l'apôtre, et « certainement, évêque de l'Église des
Athéniens, » Hilduin ajoute : « Quant au décès de Denys l'Aréopagite, les écrivains grecs n'en disent rien, ce décès leur étant
resté inconnu à cause de la grande distance des lieux. Nous
avons cependant un Martyrologe représentant le témoignage

autorisé des Grecs. Il fait partie d'un tome des archives de Constantinople, tellement usé par sa grande vétusté qu'on ne peut le manier qu'avec la plus grande précaution. Nous y avons trouvé marqué le jour du natalice de Denys, *diem natalitii ejus designatam*, et consigné qu'il a été évêque des Athéniens. Ce Martyrologe, comme son ancienneté le démontre, nous croyons être autorisé à le faire remonter au temps où, par ordre de Constantin, l'occasion s'en présentant, les Actes des martyres des saints du Seigneur ont été recueillis par tout l'univers et apportés à Césarée (1)».

Le natalice, *le jour de naissance*, désigne dans les monuments chrétiens le jour de la mort des martyrs et de tous les fidèles qui, en mourant, naissent à la vie éternelle. Il désigne aussi quelquefois des anniversaires solennels, tels que la fête de l'invention des reliques de saint Étienne, *natalis Reliquiarum sancti Stephani*, celle de l'Institution du Saint-Sacrement, *natalis Calicis*, celle de la Nativité en ce monde de Notre-Seigneur, *natalis Domini corporalis* (2). Hilduin n'ayant pas vu, loin delà, dans le natalice de l'Aréopagite inscrit au vieux Martyrologe de Constantinople, le jour du « décès » de ce martyr, y a vu, à tel autre titre, son jour de fête. Quel est ce titre sur lequel il se tait? et ce jour dont il ne transcrit pas la date?

Le jour n'est pas douteux : c'est le 3 octobre. De tout temps il a été consacré par les Grecs à fêter saint Denys l'Aréopagite. C'est le jour liturgique que lui assigne, à la fin du xᵉ siècle, le Ménologe de l'empereur Basile, martyrologe des Grecs ; c'est celui que lui assignent les Ménées, offices complets des Saints chez les Grecs, et Métaphraste, leur hagiographe par excellence, mettant là arbitrairement, ainsi que les Ménées, non le « décès » de saint Denys et de ses compagnons, mais « le placement de leurs reliques en un bâtiment, δομήματι, par la bienheureuse Catulla. » L'Église d'Éthiopie qui, au vᵉ siècle, à la suite du patriarche d'Alexandrie, Dioscore, a rompu avec Constantinople et Rome pour adopter l'hérésie d'Eutychès, nous présente le 3 octobre, dans ses Fastes Sacrés, Denys l'Aréopagite (3). N'est-ce pas une indication qu'il en était ainsi dans le Martyrologe de Constantinople vu par Hilduin, et qu'il reporte

(1) Lettre à Louis le Pieux, X.
(2) Martigny, *Dictionnaire des antiquités chrétiennes*, 2ᵉ édition, *Natale*.
(3) Ludolf, *Historia æthiopica*, t. II, p. 393.

au temps de Constantin ? Notre Passion grecque, composée à Rome, qui suit la Passion latine, ayant placé avec elle le martyre de saint Denys au 7 *des ides* d'octobre — un copiste a écrit, par une erreur évidente, *des Calendes*, personne n'ayant jamais parlé du 25 septembre pour ce martyre, — ayant placé, dis-je, au 9 octobre (1), la *Vie et Passion*, composée en Grèce, qui suit la Passion grecque, remplace le 9 octobre par le 3. Elle est manifestement entraînée à cette substitution par la fête du saint, célébrée en Grèce ce jour-là. Mais pourquoi la fête de l'Aréopagite placée le 3 octobre ?

Il est question dans les divers Actes de saint Denys d'un premier martyre qu'il a subi en Orient, avant son départ pour l'Occident. La Passion latine dit qu' « il vint à Paris, conduit par le Seigneur, ne craignant pas d'aller au-devant de la férocité d'une nation incrédule, car son courage était fortifié par le souvenir de ses souffrances passées. » La *Rédaction de Visbius*, d'où découlent sans doute ces paroles, les fait suivre de celles-ci : « Éprouvé par beaucoup de tourments, il désirait néanmoins de toute son âme atteindre enfin la vie par la mort, et, parmi les nombreux assauts des tourments, étant déjà un parfait confesseur du nom du Christ, mériter, par la peine de mort, d'être aussi un martyr (2) ». La Passion grecque porte que « s'étant d'abord rendu digne de la confession » du nom du Christ « et de consommer cette confession, il ne craignait pas d'être aussi martyr (3) ». Ce sont les souvenirs conservés chez nous ; et se peut-il qu'ils soient sans fondement ? Voici maintenant ceux des Grecs.

Écartons d'abord deux textes manifestement erronés. Le premier est celui du Ménologe de Basile, transportant à Athènes la scène du martyre à Paris, qu'il a trouvée dans la Passion grecque, et substituant la date du 3 octobre, à celle du 9. Voici ce texte du Ménologe au 3 octobre : « Combat (pour la foi) du

(1) Le discours de saint Méthode qui suit cette Passion grecque porte le 7 octobre. Il est assez clair que le copiste a omis *des ides*.

(2) Parisius, Domino ducente pervenit : non veritus incredulæ gentis expetere feritatem, quia virtutem suam præteritarum pœnarum recordatio roborabat, tormentis expertus multis, morte tandem assecuturum se vitam tota nihilominus intentione desiderans, ut qui jam erat Christi nominis inter multa tormentorum flagella perfectus confessor, fieri mortis mulctatione mereretur et martyr.

(3) Ἵνα ὡς ἄξιος ὑπάρχων ὁμολογίας καὶ πληρώσεως, γενέσθαι, μὴ φοβηθῇ καὶ μάρτυς.

sacro-saint martyr Denys Aréopagite, évêque des Athéniens...
Dénoncé au préfet d'Athènes par les idolâtres, il est arrêté avec
deux de ses disciples. Après qu'ils eurent enduré de nombreux
supplices, il fut décapité, le premier ; il porta sa tête dans ses
mains à deux milles environ, et ne la laissa que pour la remettre
à une femme chrétienne qu'il rencontra. Ses deux disciples
furent ensuite décapités (1) ». Le christianisme de la femme
Catulla, sa rencontre avec saint Denys portant sa tête, le fait
même de celui-ci décapité « le premier » étant de l'invention
de l'auteur qui joue librement avec ses sources, il n'y a pas trop
à s'étonner de le voir prendre Paris pour Athènes.

Le second texte, auquel tout un groupe de critiques ne craindra
pas d'attacher une importance capitale, est celui que saint Adon,
dans son Martyrologe publié vers 858, a fait connaître en ces
termes : « 3 octobre. Natalice de saint Denys l'Aréopagite qui,
instruit par l'apôtre Paul, crut en Jésus-Christ. Il fut ordonné
par cet apôtre premier évêque d'Athènes ; et sous l'empereur
Adrien, *sub Adriano principe*, après la profession de foi la plus
éclatante, après les genres de tourments les plus cruels, il est
couronné par un glorieux martyre, comme l'athénien Aristide,
homme d'une foi et d'une sagesse admirables, l'atteste dans
l'ouvrage qu'il a composé sur la religion chrétienne. Cet ouvrage
est en grande estime chez les Athéniens, et il est tenu pour un
des plus illustres monuments de l'antiquité, comme l'affirment
les plus habiles des Grecs (2) ». Cette « *Apologie* de la foi »
chrétienne qu'Eusèbe nous montre présentée à Adrien par
Aristide, athénien et philosophe de profession (3), contenait elle
en effet le martyre de saint Denys l'Aréopagite ? « Il est difficile,
dit Tillemont, de croire qu'Eusèbe qui remarque si exactement
dans les anciens auteurs les moindres choses qui regardent les
grands saints, en eût oublié une aussi considérable que celle-
là (4) ». Comment admettre ensuite que saint Denys, membre de
l'auguste tribunal de l'Aréopage, converti par saint Paul l'an 48,
ait souffert le martyre sous Adrien, dont le règne a commencé le
11 août 117 ? Il y a donc ici une interpolation manifeste de l'*Apo-*

(1) *Menologium græcorum*, studio et opere Annibalis, titulo S. Clementis cardi-
nalis, editum 1727.
(2) *Patr. lat.*, t. CXXIII, col. 374.
(3) *Hist. eccl.*, t. IV, cap. xi ; *Chron.*, an. 129.
(4) *Mémoires*, t. II, p. 236.

logie de saint Aristide, faite par le plus ignorant des faussaires, pour gratifier Athènes du martyre de l'Aréopagite, dont Paris se glorifie. C'est le même plagiat que celui du Ménologe de Basile, mais qui nous est révélé par le texte de saint Adon un siècle et demi avant la perpétration de celui-ci. L'un a pu servir d'original à l'autre. Tous deux laissent transpirer peut-être certain souvenir à Athènes d'un martyre de l'Aréopagite, sur lequel se donnent carrière leurs inadmissibles légendes.

Un troisième document est exprès sur ce souvenir et appelle notre attention. C'est une biographie d'un Synaxaire — livre concernant les Synaxes, les *réunions* des fidèles pour le saint-sacrifice —, qui a été publié en partie par le P. Sirmond dans sa *Dissertation sur les deux Denys*, et intégralement par le P. Chifflet dans sa *Dissertation sur l'unique Denys*, d'après un manuscrit du collège des Jésuites de Paris (1). On y lit au 3 octobre (2) : « Combat (pour la foi) de notre saint père, devenu évêque des Athéniens, Denys l'Aréopagite, qui fut un des hommes illustres d'Athènes, distingué par ses richesses et sa sagesse. C'était la coutume à Athènes que neuf juges, excellents, entre les autres, présidâssent à l'Aréopage, pour juger les causes capitales : Denys en était un. Le divin Paul apôtre ayant prêché à Athènes, cet homme d'une intelligence pénétrante connut la vérité, crut au Christ, fut ordonné par Paul évêque des Athéniens, et fut initié aux mystères par le sage Hiérothée. C'est ainsi que, seul entre les écrivains, il décrit les Ordres des hiérarchies célestes et explique les types de toute la hiérarchie et constitution ecclésiastique. Etant arrêté par les Hellènes (les païens), il est jeté en holocauste, ὁλοχαυτοῦται, dans le feu. Ses autres écrits sont livrés aux flammes avec lui, lesquels, au dire de certains, sont conservés dans la seule bibliothèque des Romains. Chez nous, on trouve dix livres de lui. Parti pour l'Occident, sous le règne de Domitien, après y avoir fait beaucoup de miracles, il eut la tête tranchée. La prenant dans ses mains, il la porta l'espace de deux milles, et ne la déposa point qu'il n'eut rencontré une femme fidèle, nommée Catulla, aux mains de

____

(1) Les *Acta SS.* donnent la pièce en grec ou en latin, p. 546.

(2) La date, qui n'est pas en tête dans les imprimés, ne saurait être douteuse, par la comparaison avec le texte à demi identique du Ménologe de Basile et des Ménées.

laquelle il confia ce sacré trésor (1). Avec lui furent décapités
Rustique et Éleuthère. Il était, quant aux caractères corporels,
de grandeur moyenne, maigre, blanc, un peu pâle, le nez
déprimé, les sourcils froncés, les yeux caves et toujours pensifs,
de grandes oreilles, blanchi par l'âge, chargé modérément de
barbe, ayant les poils rares au menton, le ventre un peu proé-
minent, de grands doigts aux mains. Sa synaxe se célèbre dans
la très-sainte grande église ».

Tel est en entier ce texte curieux du Synaxaire. Il a nombre
de traits communs avec le Ménologe de Basile. Il est à peu près
identique, à partir de l'arrivée de saint Denys en Occident, y
compris son portrait, avec les Ménées. Après avoir cité ce portrait qu'elle attribue à « Ulpius le Romain, dans ses Antiquités
ecclésiastiques, » la *Vie et Passion* fait lire, parallèlement au Synaxaire, et avec de singulières leçons diverses : « Quelques-uns
disent que tous ses écrits se trouvent dans la bibliothèque des
écrits sacrés à Rome et y sont sauvés... D'autres disent qu'en
France les Hellènes (les païens) l'ayant brûlé tout entier par jalousie, brûlèrent aussi ses livres avec lui. Ceux de cette nation
recueillirent ses restes et nous attestent son martyre. » Tous
les traits du Synaxaire sur l'Aréopage, la conversion de saint
Denys, son instruction par Hiérothée, son épiscopal à Athènes,
se trouvent d'ailleurs dans la *Vie et Passion*, mais avec d'amples
détails concernant le tribunal de l'Aréopage, lesquels laissent entrevoir l'origine athénienne de cet écrit, et ainsi peut-être celle
du Synaxaire. La « très sainte grande église » où se célèbre la
synaxe de saint Denys ne serait-elle point l'église cathédrale
d'Athènes ?

Étonnantes, assurément, sont les variantes de ces pièces sur
les tourments de saint Denys martyr. D'après le Ménologe, il a
été décapité à Athènes, et d'après les Ménées, à Paris; d'après le
Synaxaire, il a été livré aux flammes avant de venir en Occident, et décapité à Paris ; d'après la *Vie et Passion*, s'il a été décapité à Paris il a été livré aux flammes en France, après quoi on
le fait quitter Athènes : ce qui donnerait à croire que par l'erreur ou la témérité d'un copiste, *France* est pour *Attique*, ἐν τῇ
Φραγγικῇ pour ἐν τῇ Ἀττικῇ. La décapitation placée à Athènes étant
une altération évidente du texte des différentes Passions latines

____

(1) Le texte ajouté : « savoir sa tête, ἤτοι τὴν κάραν », ce qui semble être une
note marginale glissée dans le texte.

et en contradiction d'ailleurs avec tous les autres documents grecs, le supplice du feu, subi en Grèce, du fait des « Hellènes », comme disent d'accord le Synaxaire et la *Vie et Passion*, ne laisse pas de rester probable. C'est aussi l'explication naturelle de la célébration le 3 octobre de la fête de l'Aréopagite à Athènes, et dans tout l'Orient. Il ne faut pas songer à l'évènement de la conversion de l'Aréopagite ou à celui de son ordination par saint Paul : on ne fêtait à l'origine que les martyres des saints.

On pourrait soupçonner que le supplice du feu prêté à saint Denys avant sa venue en Occident a été pris par les Grecs de la *Rédaction du Visbius*, qui en fait un des nombreux supplices du saint à Paris. Mais aucun des documents grecs ne porte la trace de cette *Rédaction* qu'Hilduin a publié le premier ; et dans la *Rédaction* ne figure nullement la combustion des livres de l'Aréopagite, dont parlent tant les Grecs. Le supplice du feu enduré par saint Denys en Orient est donc tout autre.

Pour conclure, l'accord des traditions et des écrits des Grecs sur un premier martyre subi par saint Denys en Orient, avec tous nos Actes occidentaux est un témoignage qu'on doit tenir comme ayant de l'autorité. Et puisque les Grecs et tous les Orientaux fêtent l'Aréopagite le 3 octobre, ce doit être en souvenir de ce martyre.

C'est ainsi qu'il y aura deux fêtes de saint Denys : le 3 octobre en Orient, pour son premier martyre ; le 9 octobre, en Occident pour le second. L'Église ne fête-t-elle pas ainsi saint Pierre le 1er août pour ses liens et l'arrêt de son supplice, le 29 juin pour sa crucifixion ? et deux fois aussi saint Jean, le 6 mai pour son martyre dans la chaudière d'huile bouillante, le 27 décembre pour son trépas bienheureux ?

Saint Adon ayant consigné loyalement dans son Martyrologe les deux fêtes de saint Denys à lui offertes par la liturgie grecque et la liturgie latine, et Usuard et Notker, dans leurs Martyrologes, ayant fidèlement suivi saint Adon, sans que pour cela il y ait eu chez les hagiographes, soit en Orient, soit en Occident, la moindre hésitation sur l'identité de l'Aréopagite et du premier évêque de Paris, des critiques modernes seront-ils bien avisés de tirer de là, et avec une assurance triomphale, la preuve de l'existence de deux saints Denys ?

Ici se termine notre tâche, et s'arrêtent tous nos efforts pour atteindre la vérité historique, ou en approcher de plus ou moins près. Nous avons recherché et discuté tous les Actes fondamentaux concernant saint Denys de Paris. Depuis Hilduin on n'en trouve que des dérivés, enrichis çà et là, au moyen âge, de quelques détails légendaires. Saint Méthode a prononcé, à Rome, paraît-il, un panégyrique de saint Denys, tenu pour l'Aréopagite, d'après une Passion retrouvée en grande jubilation ; Anastase, bibliothécaire du Saint-Siège, en enverra, en 876, la traduction à Charles le Chauve : cette Passion est notre Passion grecque abrégée et commentée. Une *Vie et Passion* va paraître en Grèce, suivant les mêmes traces. Michel, Syncelle du patriarche de Jérusalem et l'hagiographe Siméon Métaphraste, grand-maître du palais de l'empereur de Constantinople, Léon le Philosophe, mort en 911, suivront ces traces aussi. Elles seront consacrées avec une variante, visiblement inadmissible, par le texte accompagné d'une miniature du Ménologe de Basile le Jeune, empereur de 976 à 1025 ; — consacrées aussi par les Ménées et le Synaxaire, celui-ci étant une source ou un dérivé de la *Vie et Passion*, non postérieur au xie siècle ; — et encore par la grande *Histoire ecclésiatique* de Nicéphore Calliste, mort vers 1350. Elles seront consacrées enfin, en 1568, dans le Bréviaire romain donné par saint Pie V, et, en 1584, dans le Martyrologe romain composé par Baronius, et imposé pour l'office divin par Grégoire XIII. En 1706, Dom Félibien pourra donc écrire : « Il faut convenir qu'après la mort d'Hilduin, son opinion a tellement prévalu dans la suite des huit derniers siècles, qu'on peut dire que ç'a été le sentiment presque universel des Églises, comme il est aisé de s'en convaincre par les extraits des bréviaires et des légendes qui ont été faits (1) ».

Aujourd'hui, après trois siècles de débats contradictoires, nous pensons qu'une critique éclairée et impartiale doit admettre les conclusions suivantes, simples constatations de faits assez constants.

Les Actes de saint Denys, premier évêque de Paris, que nous avons, remontent à un original grec du ive siècle dont on entrevoit les sources au second, la *Conscriptio Visbii* d'Hilduin. Un court abrégé latin en est sorti, dès le ive siècle peut-être, *les Pages des Latins*, servant de légende pour la liturgie au ixe siècle encore. Une Passion grecque, *Libellus antiquissimus Passionis*, composée au milieu du viiie siècle, pour le monastère grec de

______

(1) *Histoire de l'abbaye royale de Saint-Denys*, p. 77.

Saint-Denys à Rome, a suivi dans sa composition cette Passion latine en y ajoutant quelques détails fournis par la tradition ou la *Conscriptio Visbii*; et de Rome elle s'est répandue en Orient, où elle est restée consacrée par diverses copies diversement libres, mais offrant toutes un caractère plus ou moins liturgique. Comment douter, d'après ces Actes multiples mais au fond identiques, et affirmant ou insinuant tous la même chose, auxquels on n'oppose que quelques textes incidents sans valeur, et des conclusions que ne saurait admettre une logique ferme et saine, comment douter que saint Denys de Paris n'ait été envoyé de Rome par saint Clément, et encore qu'il ne soit l'Aréopagite, disciple de saint Paul et premier évêque d'Athènes?

La question de l'authenticité des écrits Aréopagitiques, problématique, si l'on veut, est une seconde question, tout en dehors de celle-ci qu'on nous permettra de tenir pour certaine.

Nous ne songeons pas à tracer ici un exposé, même sommaire, des trois siècles de débats sur la personne de saint Denys de Paris. Après qu'au xv° siècle Laurent Valle, un hérétique, et, au xvi° siècle, Érasme, un prêtre et ex-chanoine régulier, qui ne condamnera jamais Luther, eurent commencé à disputer à l'Aréopagite les écrits reçus sous son nom, commencèrent, au xvii° siècle, les disputes sur sa venue chez nous. Le précepteur de Louis XIII, Nicolas Le Fèvre, mort le 8 novembre 1612, dans une courte page, qui sera donnée au public en 1614, n'a pas craint d'avancer qu' « avant les temps de Charlemagne et de Louis le Pieux, aucun écrivain n'a affirmé que saint Denys, évêque de Paris, fût le même que l'Aréopagite ». Il prétend qu'il n'est venu dans les Gaules que sous Dèce, vû que « Grégoire, évêque de Tours, très diligent et très ancien écrivain de notre histoire », le rapporte « d'après l'histoire du martyre de saint Saturnin (1) ». Ellies Dupin dira bien de Nicolas Le Fèvre : « Quoi qu'il ait écrit avant que cette question ait été examinée à fond, et que son écrit soit très court, il y rapporte les principales preuves dont le père Sirmond et M. de Launoi se sont depuis servis pour prouver la même chose, savoir le passage de Sulpice-Sévère (sur « la religion de Dieu reçue tard au delà des Alpes »), de Grégoire de Tours et de l'auteur de la vie de saint Saturnin (2) ». C'est cette page d'aussi peu d'érudition et

(1) *Opuscula.* in-4°, p. 93.
(2) *Bibliothèque des auteurs ecclésiastiques du* xvii° *siècle*, art. Le Fèvre.

de critique, on en conviendra, que d'étendue, qui servira, en effet, de point de départ à un jésuite des plus illustres de la Compagnie, pour rompre une tradition consacrée par tant de siècles, et dont toutes les Églises orientales et l'Église romaine ne doivent pas se départir. J'ai nommé le père Sirmond, que vont suivre le parlementaire et gallican du Bosquet, les jansénistes Launoy, Tillemont, Baillet, Ellies Dupin, et les jésuites, Longueval, auteur de l'*Histoire de l'Église gallicane*, Corneille de Bye, Bollandiste. On me permettra, pour finir, d'exposer en quelles circonstances le père Sirmond a présidé à cette révolution littéraire, trop parallèle de la révolution religieuse qui a nom par excellence la Révolution.

Le père Sirmond, secrétaire à Rome du général des Jésuites, Aquaviva, et collaborateur de Baronius, était en même temps, ami de Pithou, savant calviniste déguisé en catholique. Il arrive, en 1612, à déclarer, avec cinq de ses confrères parisiens, qu'il se conforme à « la doctrine de l'École de Sorbonne (*non la* « *Sorbonne de saint Thomas et de la Sainte-Ligue, mais celle* « *qui a condamné Jeanne d'Arc au bûcher*), même en ce qui « concerne la conservation de la personne sacrée des Rois, « manutention de leur autorité royale et libertés de l'Église « gallicane ». En 1629, il glisse dans son édition des Conciles des Gaules un passage dont Bossuet doit triompher contre l'infaillibilité du Pape, et un autre qui démolit notre saint Denys traditionnel. Obligé de supprimer ce dernier passage — que l'éditeur se charge de distribuer à part —, il en fait en 1641, étant confesseur du Roi par la grâce de Richelieu, cet opuscule *Dissertatio in quâ Dionysii Parisiensis et Dionysii Areopagitæ discrimen ostenditur*, d'une faiblesse extrême, d'une vogue égale, — grâce aux Jansénistes, qui va paralyser la dévotion des — rois de France à ce tombeau de l'apôtre des Gaules, où depuis sainte Geneviève et Clovis, ils n'ont cessé de venir recevoir des bénédictions et puiser la sagesse. En 1642, Sirmond, voulant procurer à son neveu de La Lande un bénéfice dans le midi, invente la question de la Régale, qui paraissait alors un « paradoxe », comme il l'avoue. Il fait paraître, sous le nom du neveu à fournir, un opuscule de 63 pages in-4°, dont il suffit de citer le titre, pour dire la forfaiture : *Remarques particulières sur les droits de Régale et de nomination aux bénéfices de fondation royale où est montré que le Roy a le droit de Régale dans toutes les Églises cathédrales et collégiales et dans les abbayes qui sont à sa nomination.* C'est de cet écrit du père Sirmond qu'est sortie en 1672 la néfaste question de la Régale. Elle aboutira en 1682 aux Quatre Articles de Bossuet, qui doivent aboutir à la Constitution civile du Clergé et à la main-mise sur tous les biens de l'Église, le peuple souverain remplaçant, dans la France conquise et anéantie, « le Roy » souverain.

La Révolution aura soin de porter ses coups sur saint Denys et les tombeaux des rois mis à l'ombre du sien, en même temps que sur l'Église. Un châtiment providentiel va rappeler les coups simultanés, il y a un siècle et demi, du trop aveugle père Sirmond, mort assurément de douleur, s'il l'eût entrevu. Le roi de France ayant été décapité le 21 janvier, la reine le sera le 16 octobre. Le 12, a commencé une seconde « extraction des corps de rois, reines, princes et princesses, ainsi que des autres grands personnages qui étaient enterrés dans l'église de l'abbaye de Saint-Denys en France ». Elle sera achevée le 25. Voici les exécutions accompagnant le 16 celle de la reine : « Le mercredi 16 octobre 1793... De Sophie-Hélène de France, fille de Louis XVI, morte le 19 juin 1787, âgée de onze mois dix jours — de Louis-Joseph-Xavier, dauphin, fils de Louis XVI, mort à Meudon le 4 juin 1789, âgé de sept ans sept mois treize jours — à onze heures du matin, dans le moment où la reine Marie-Antoinette d'Autriche, femme de Louis XVI, eut la tête tranchée, on enleva le cercueil de Louis XV (1) ». Quant à la basilique de Saint-Denys, mise à nu, décapitée de sa toiture de plomb, tous ses vitraux brisés, ce sera un squelette livré douze ans à l'anéantissement par les vents et les orages, jusqu'au jour où l'auteur du Concordat, pris d'une sainte pitié, décrétera son salut.

Elle est ressuscitée ; et les reliques de saint Denys et de ses compagnons ont survécu aux dépouilles mortelles des rois trop peu fidèles à défendre leur culte traditionnel, et trop empressés à usurper les droits de cette Église de France fondée par leur sublime apostolat et par l'effusion très copieuse de leur sang. A cette heure, la critique historique, si manifestement précipitée depuis trois siècles à l'endroit des saints martyrs, n'a-t-elle pas à réviser ses verdicts, et à se demander si l'Église en-

---

(1) CHATEAUBRIAND, *Génie du christianisme*, note 46.

tière, de l'Occident à l'Orient, a tort, sans prétendre ici à l'infaillibilité, de ne point abandonner ses traditions immémoriales, et de maintenir en son intégrité cette grande figure de saint Denys, membre de l'Aréopage, disciple de saint Paul, évêque d'Athènes, apôtre de Paris.

La question s'impose ; et le procès n'est peut-être pas si éloigné de la solution.

TABLE DES MATIÈRES

(1) Le Père Sirmond fut, assure-t-on, vivement repris par ses supérieurs pour son écrit sur les deux Denys. Littérateur et érudit plutôt que théologien et homme de grand sens, il obligea son confrère, le savant Père Théophile Raynaud, à écrire sur lui ces terribles lignes inédites, qu'on nous communique :

« ... Cum ipse, inter alia pene delira et periculosa pronuntiata, quibus inhærebat, honestatem fœderum contra salutem fidei et religionis prævisam, dummodo non intentam, habeat ratam (*alliance de Richelieu avec les Protestants*), non magno doctrinæ illius reprobæ firmamento. Quippe adeo profunde Theologitabat Sirmundus, ut per adulterium dissolvi connubiale vinculum arbitraretur, et sacramentum pœnitentiæ non ut nunc sub formâ judiciali, sed in veteri Ecclesiâ Christianâ, sub formâ deprecatoria administratum esse contenderet. »

SAINT-AMAND (CHER). — IMPRIMERIE DESTENAY, BUSSIÈRE, FRÈRES